I0566751

BESTACTIVITYBOOKS.COM

Copyright © 2022 LINGUAS CLASSICS

Tous droits réservés. Aucune partie de ce livre ne peut être reproduite ou utilisée de quelque manière que ce soit sans l'autorisation écrite du détenteur des droits d'auteur, sauf pour l'utilisation de citations dans une critique de livre.

PREMIERE ÉDITION

Dépôt légal, 2022

Illustration Graphique Extra: www.freepik.com
Merci à Alekksall, Starline, Pch.vector, Rawpixel.com, Vectorpocket, Dgim-studio, Upklyak, Macrovector, Stockgiu, Pikisuperstar & Freepik.com Designers

Découvrez des Jeux Gratuits en Ligne

Disponible Ici :

BestActivityBooks.com/FREEGAMES

5 ASTUCES POUR DÉMARRER !

1) COMMENT RÉSOUDRE LES MOTS MÊLÉS

Les puzzles sont dans un format classique :

- Les mots sont cachés sans espaces, tirets, ...
- Orientation : Les mots peuvent être écrits en avant, en arrière, vers le haut, vers le bas ou en diagonale (ils peuvent être inversés).
- Les mots peuvent se chevaucher ou se croiser.

2) UN APPRENTISSAGE ACTIF

Un espace est prévu à côté de chaque mots pour noter la traduction. Pour favoriser un apprentissage actif un **DICTIONNAIRE** à la fin de cette édition vous permettra de vérifier et étendre vos connaissances. Cherchez et notez les traductions, trouvez-les dans le Puzzle et ajoutez-les à votre vocabulaire !

3) MARQUEZ LES MOTS

Vous pouvez inventer votre propre système de marquage. Peut-être en utilisez-vous déjà un ? Sinon, vous pourriez, par exemple, marquer les mots qui ont été difficiles à trouver d'une croix, ceux que vous avez aimés d'une étoile, les mots nouveaux d'un triangle, les mots rares d'un diamant, etc...

4) STRUCTUREZ VOTRE APPRENTISSAGE

Cette édition vous offre un **CARNET DE NOTES** très pratique à la fin du livre. En vacances ou en voyage ou à la maison, vous pouvez facilement organiser vos nouvelles connaissances sans avoir besoin d'un second bloc-notes !

5) VOUS AVEZ FINI TOUTES LES GRILLES ?

Allez à la section bonus **CHALLENGE FINAL** pour trouver un jeu gratuit à la fin de cette édition !

Simple et Rapide ! Découvrez notre collection de livres d'activités pour votre prochain moment de détente et **d'apprentissage**, à juste un clic de distance !

Trouvez votre prochain défi sur :

BestActivityBooks.com/MonProchainLivre

À vos marques, prêts... Partez !

Saviez-vous qu'il existe environ 7 000 langues différentes dans le monde ? Les mots sont précieux.

Nous aimons les langues et avons travaillé dur pour créer les livres de la plus haute qualité pour vous. Nos ingrédients ?

Une sélection des thématiques d'apprentissage adaptée, trois belles parts de divertissement, puis nous ajoutons une cuillère de mots difficiles et une pincée de mots rares. Nous les servons avec soin et un maximum de plaisir pour vous permettre de résoudre les meilleurs jeux de mots mêlés qui soient et d'apprendre en vous amusant !

Votre avis est essentiel. Vous pouvez participer activement au succès de ce livre en nous laissant un commentaire. Nous aimerions vraiment savoir ce que vous avez préféré dans cette édition !

Voici un lien rapide qui vous mènera à la page d'évaluation de vos commandes :

BestBooksActivity.com/Avis50

Merci pour votre aide et amusez-vous bien !

De la part de toute l'équipe

1 - Adjectifs #2

F	P	T	Đ	I	Z	D	A	Y	F	C	V	N	B	W	J
Z	A	N	I	M	L	J	I	V	F	U	D	P	O	Đ	U
P	W	A	T	Z	V	L	K	O	P	I	S	N	I	V	J
O	W	Ž	A	H	Y	T	M	R	J	A	K	E	W	O	O
N	U	A	N	A	T	N	A	G	E	L	E	I	J	D	H
O	Z	N	Z	E	S	F	F	H	B	A	U	N	G	A	U
S	A	S	O	Đ	I	L	G	S	S	A	T	V	K	Y	S
A	V	R	P	D	Č	U	A	D	Đ	U	I	I	S	F	U
N	A	H	A	C	P	P	N	N	O	T	V	T	V	S	I
D	R	A	M	A	T	I	Č	A	N	E	O	K	Y	N	K
O	D	G	O	V	O	R	A	N	D	N	R	U	A	I	I
F	Z	V	Y	P	Y	B	L	R	O	T	A	D	A	N	F
H	O	E	E	L	A	H	Z	J	R	I	D	O	U	W	Đ
D	I	V	L	J	I	U	F	R	I	Č	O	R	H	F	U
G	O	O	Đ	S	O	D	R	D	R	N	M	P	Z	O	Z
G	M	A	T	C	F	Z	I	V	P	O	S	L	M	U	S

AUTENTIČNO
POZNATI
KREATIVNI
OPISNI
DAROVIT
DRAMATIČAN
ELEGANTAN
PONOSAN
JAK
ZANIMLJIV

PRIRODNO
NOVO
PRODUKTIVNI
SNAŽAN
ČIST
ODGOVORAN
ZDRAV
SLAN
DIVLJI
SUHO

2 - Formes

V	W	A	A	U	T	J	V	P	V	R	K	I	L	M	H
N	C	I	Đ	F	Z	U	J	R	A	D	N	I	L	I	C
C	R	T	A	K	C	O	K	A	N	A	R	T	S	E	P
S	M	W	Z	I	U	H	M	V	O	U	K	U	Y	S	L
W	F	U	P	B	R	A	L	O	B	R	E	P	I	H	K
T	G	E	I	T	P	F	Đ	K	Z	U	U	E	K	C	R
P	E	B	R	D	K	J	V	U	T	F	K	L	O	P	U
L	Z	N	C	A	U	H	S	T	A	A	K	I	N	N	G
L	B	O	V	A	L	A	N	N	R	W	U	P	U	Đ	M
O	A	G	P	U	J	N	H	I	D	U	T	S	S	P	R
Đ	K	I	L	E	Đ	L	D	K	A	S	B	A	J	D	I
U	T	L	M	I	C	P	U	U	V	S	H	O	P	E	S
N	H	O	C	E	I	J	V	V	K	C	O	M	V	M	G
E	E	P	P	R	I	Z	M	A	I	I	M	Đ	G	I	Z
P	I	R	A	M	I	D	A	U	W	R	R	I	H	Y	I
T	R	O	K	U	T	V	Y	Y	Đ	A	K	Y	W	L	C

LUK
RUBOVI
KVADRAT
KRUG
KUT
KRIVULJA
KONUS
STRANA
KOCKA
CILINDAR

ELIPSA
HIPERBOLA
CRTA
OVALAN
POLIGON
PRIZMA
PIRAMIDA
PRAVOKUTNIK
SFERA
TROKUT

3 - Force et Gravité

U	I	A	Đ	K	J	U	V	N	K	O	E	T	S	U	C
T	D	M	U	F	A	D	R	R	K	R	W	T	F	E	I
E	P	A	V	E	H	A	I	O	Y	B	J	D	A	G	D
Ž	R	Z	L	R	S	R	J	A	K	I	N	A	H	E	M
I	I	I	F	J	Z	A	E	K	E	T	E	N	A	L	P
N	T	T	H	C	E	C	M	K	Y	A	T	A	V	K	K
A	I	E	O	M	P	N	E	K	C	N	R	Č	T	P	I
U	S	N	A	D	O	O	O	N	B	I	E	I	S	L	A
C	A	G	R	O	T	F	K	S	N	Z	N	M	J	C	N
G	K	A	C	T	K	D	I	R	T	R	J	A	O	E	I
J	E	M	Y	S	R	M	N	Z	E	B	E	N	V	N	K
A	F	J	K	Đ	I	V	Z	R	I	T	L	I	S	T	S
C	Y	Y	R	C	Ć	F	F	Đ	D	K	L	D	D	A	C
P	V	Y	G	V	E	G	M	P	C	J	A	H	L	R	N
U	N	I	V	E	R	Z	A	L	A	N	O	C	I	W	W
P	R	O	Š	I	R	E	N	J	E	N	S	E	U	G	S

OS
CENTAR
OTKRIĆE
UDALJENOST
DINAMIČAN
PROŠIRENJE
TRENJE
UDARAC
MAGNETIZAM
MEHANIKA

POKRET
ORBITA
FIZIKA
PLANETE
TEŽINA
PRITISAK
SVOJSTVA
VRIJEME
UNIVERZALAN
BRZINA

4 - Adjectifs #1

D	W	R	T	T	I	D	E	N	T	I	Č	A	N	U	Đ
W	P	G	N	A	E	R	A	I	D	A	L	M	B	M	A
N	Đ	E	A	E	N	Š	I	J	S	V	D	P	J	J	T
R	K	S	R	J	N	A	K	F	E	K	T	Y	G	E	R
F	U	P	E	J	I	L	K	A	G	V	R	F	I	T	A
F	B	I	D	J	P	Đ	D	I	Z	E	W	E	O	N	K
A	P	S	O	L	U	T	A	N	O	L	H	P	N	I	T
A	R	O	M	A	T	S	K	I	T	I	K	V	A	Č	I
Y	V	N	E	Š	R	V	A	S	I	K	Z	A	M	K	V
Đ	L	Ž	B	E	D	G	D	Y	Č	O	N	K	O	I	A
D	O	A	S	D	U	S	Z	B	N	D	E	T	R	Z	N
U	W	V	Y	Y	U	Z	F	S	O	U	V	I	G	E	H
A	M	B	I	C	I	O	Z	A	N	Š	I	V	O	E	K
I	U	S	P	O	R	I	T	I	E	A	N	A	T	U	C
H	N	V	D	K	W	E	E	F	D	N	P	N	J	I	W
K	C	S	P	A	N	Z	T	H	H	V	V	H	I	Đ	B

APSOLUTAN
AKTIVAN
AMBICIOZAN
AROMATSKI
UMJETNIČKI
ATRAKTIVAN
LIJEP
EGZOTIČNO
OGROMAN
VELIKODUŠAN
ISKREN
IDENTIČAN
VAŽNO
NEVIN
MLADI
USPORITI
TEŠKA
TANAK
MODERAN
SAVRŠEN

5 - Instruments de Musique

G	J	K	B	K	L	A	V	I	R	O	B	O	A	H	F
M	O	J	Z	U	G	Z	J	Z	B	U	C	Ž	P	A	A
A	Z	N	M	K	B	E	J	U	M	M	S	D	Đ	R	G
N	C	O	G	R	G	A	V	I	O	L	I	N	A	F	O
D	H	B	K	G	Z	K	N	V	C	S	W	E	N	A	T
O	S	M	K	L	F	B	Đ	J	T	H	O	B	D	K	M
L	A	O	E	H	Y	D	N	D	A	G	I	Đ	A	I	S
I	K	R	K	I	Y	L	V	A	M	I	I	H	F	N	H
N	S	T	J	A	E	L	Y	K	B	U	I	T	A	O	W
A	O	U	L	T	R	U	B	A	U	N	J	E	A	M	B
A	F	O	A	B	G	D	V	H	R	Y	L	N	V	R	V
L	O	V	R	Y	D	C	B	B	A	Z	N	I	Y	A	A
O	N	V	A	Z	C	Đ	C	T	Š	D	N	R	T	H	U
H	L	Y	D	M	D	R	J	D	K	C	H	A	J	S	R
F	L	A	U	T	A	R	Đ	U	I	E	I	L	R	N	E
M	A	R	I	M	B	A	O	B	Z	K	U	K	Z	Z	S

BENDŽO
FAGOT
KLARINET
FLAUTA
GONG
GITARA
HARMONIKA
HARFA
OBOA
MANDOLINA
MARIMBA
UDARALJKE
KLAVIR
SAKSOFON
BUBANJ
TAMBURAŠKI
TROMBON
TRUBA
VIOLINA

6 - Échecs

K	R	A	L	J	I	C	A	R	T	J	P	N	L	I	P
E	J	R	I	B	L	B	I	V	O	Z	A	Z	I	T	M
B	I	G	V	D	E	K	W	Đ	V	D	M	J	L	B	M
V	I	I	I	G	R	A	Č	F	H	Đ	E	K	Č	O	T
R	H	J	G	Z	O	V	F	K	L	M	T	K	H	W	C
I	O	L	E	M	N	R	K	T	P	F	A	B	F	R	Y
J	C	A	E	L	V	P	J	R	L	N	N	R	Y	D	K
E	H	R	D	F	I	S	T	R	A	T	E	G	I	J	A
M	L	K	N	M	S	T	P	R	A	V	I	L	A	Đ	C
E	C	A	U	A	A	L	A	N	O	G	A	J	I	D	U
I	H	B	K	G	P	H	G	V	T	U	R	N	I	R	P
V	H	H	A	P	Đ	M	I	M	O	I	H	I	P	P	U
U	Č	I	T	I	I	V	K	I	N	V	I	T	O	R	P
N	A	T	J	E	C	A	N	J	E	B	T	Z	F	N	B
C	B	W	D	H	D	Đ	P	W	P	H	G	R	E	N	Y
D	M	D	Y	Z	B	Z	V	G	R	U	A	R	Ž	C	T

PROTIVNIK
UČITI
BIJELI
PRVAK
NATJECANJE
IZAZOVI
DIJAGONALA
PAMETAN
IGRA
IGRAČ
CRNA
PASIVNO
TOČKE
KRALJICA
PRAVILA
KRALJ
ŽRTVOVATI
STRATEGIJA
VRIJEME
TURNIR

7 - Herboristerie

Y	M	Z	U	J	I	B	J	A	Z	D	G	L	I	S	T
A	J	N	P	E	O	Z	U	U	P	R	B	A	Š	A	I
V	R	J	Đ	O	J	K	T	T	K	A	P	V	A	S	M
O	M	O	O	V	V	A	U	P	O	G	F	A	F	T	I
V	D	E	M	T	R	J	A	S	R	U	F	N	R	O	J
N	G	R	K	A	T	L	S	O	I	L	P	D	A	J	A
T	C	C	P	O	T	I	I	T	S	J	E	A	N	A	N
K	H	C	H	B	M	S	A	K	N	J	K	U	A	K	I
R	M	W	K	B	M	O	K	V	O	H	O	F	R	Z	R
D	S	B	K	L	E	B	R	I	Y	K	A	N	U	B	A
C	V	V	F	M	T	C	S	A	C	Y	T	Y	Ž	O	M
I	T	E	J	I	V	C	C	A	Č	W	S	M	A	B	Ž
F	A	I	J	P	I	Č	E	Š	N	J	A	K	M	C	U
Z	O	H	O	B	C	P	E	R	Š	I	N	W	A	N	R
Z	E	L	E	N	E	K	U	L	I	N	A	R	S	K	I
B	K	V	A	L	I	T	E	T	A	Đ	N	V	O	Z	D

ČEŠNJAK
AROMATSKI
BOSILJAK
KORISNO
KULINARSKI
DRAGULJ
KOMORAČ
CVIJET
SASTOJAK
VRT
LAVANDA
MAŽURAN
METVICE
PERŠIN
KVALITETA
RUŽMARIN
ŠAFRAN
OKUS
TIMIJAN
ZELEN

8 - Photographie

C	Z	I	U	B	O	C	W	T	Y	R	U	A	L	P	Đ
P	N	A	R	W	M	R	I	V	K	O	I	B	S	M	C
A	V	V	E	P	E	N	O	I	C	Z	D	T	U	B	Y
F	C	I	E	W	K	A	T	E	J	V	S	A	R	K	J
Đ	A	T	Y	Đ	Š	R	V	A	T	S	A	S	A	J	R
W	A	K	N	W	A	U	S	K	M	T	B	Đ	T	L	A
S	J	E	N	E	T	T	E	R	T	R	O	P	B	C	C
L	I	P	A	P	I	S	J	A	B	Ž	O	L	Z	I	G
M	C	S	R	P	E	K	B	O	J	A	V	F	L	J	V
J	I	R	C	E	R	E	T	A	M	A	C	I	K	S	J
W	N	E	H	V	D	T	K	A	M	E	R	A	D	G	H
P	I	P	A	D	E	M	O	B	J	E	K	T	A	N	T
L	F	O	J	R	L	N	E	L	S	Y	L	R	P	T	I
A	E	R	D	E	G	T	L	T	S	A	R	T	N	O	K
N	D	T	A	K	O	S	B	G	A	F	W	N	A	J	W
M	O	Đ	S	Y	P	U	O	O	I	C	J	C	T	H	U

OMEKŠATI
OKVIR
KAMERA
SASTAV
KONTRAST
BOJA
DEFINICIJA
IZLOŽBA
RASVJETA
FORMAT
CRNA
OBJEKT
TAMA
SJENE
PERSPEKTIVA
PORTRET
PREDMET
TEKSTURA
VIDNI
POGLED

9 - Véhicules

B	Č	C	Đ	I	D	J	N	M	K	B	H	M	U	N	R
Đ	Đ	U	V	L	A	K	M	L	M	V	I	S	K	A	T
Z	Y	F	N	V	R	A	J	B	H	B	T	J	P	V	Z
B	E	I	C	A	M	A	Č	I	G	B	N	W	O	A	R
B	I	G	L	L	K	R	L	I	A	F	A	F	D	R	A
T	U	C	U	P	W	F	V	V	A	L	P	U	M	A	K
H	H	J	I	S	C	F	T	N	I	G	O	T	O	K	O
A	D	C	L	K	R	S	R	O	T	O	M	R	R	V	P
V	U	Đ	W	M	L	K	A	I	Z	A	O	A	N	Đ	L
L	G	T	Y	A	F	U	K	M	W	D	Ć	J	I	Z	O
Đ	H	S	O	M	T	T	T	A	L	H	F	E	C	I	V
T	U	Đ	S	B	Y	E	O	K	A	T	E	K	A	R	J
I	I	O	Đ	G	U	R	R	G	U	M	E	T	Đ	Y	M
J	V	I	Y	V	H	S	A	U	T	O	M	O	B	I	L
H	E	L	I	K	O	P	T	E	R	H	Z	W	A	P	F
H	B	O	M	G	M	V	H	O	W	I	L	L	I	H	C

HITNA POMOĆ
ZRAKOPLOV
ČAMAC
AUTOBUS
KAMION
KARAVAN
TRAJEKT
RAKETA
HELIKOPTER
MOTOR

ČUNAK
GUME
SPLAV
SKUTER
PODMORNICA
TAKSI
TRAKTOR
VLAK
BICIKL
AUTOMOBIL

10 - Camping

U	N	K	C	F	R	Š	L	M	D	C	Š	M	O	Đ	T
Ž	C	I	H	R	J	A	G	F	U	L	U	V	F	E	Z
E	O	H	T	G	C	T	T	O	V	K	M	J	N	J	G
A	P	A	O	Z	E	O	S	D	A	O	A	K	A	N	U
M	J	E	S	E	C	R	L	O	T	K	M	F	N	I	Y
Đ	I	V	I	S	E	Ć	A	F	R	O	E	E	I	T	U
K	A	B	I	N	A	M	N	T	A	M	R	N	N	O	O
D	Đ	V	Y	A	D	O	R	I	R	P	P	J	A	V	I
U	N	A	Y	O	Y	R	H	G	G	A	O	E	L	I	Š
L	E	H	K	R	P	E	W	O	O	S	K	R	P	Ž	E
B	O	J	I	A	H	Z	K	N	E	I	M	Đ	C	N	Š
B	Z	V	C	P	C	E	E	U	E	E	S	R	O	U	I
G	P	R	M	D	M	J	Y	S	K	Y	R	P	Z	H	R
A	V	A	N	T	U	R	A	I	W	A	A	B	C	Đ	T
Y	R	K	Z	W	D	L	Đ	R	U	W	C	T	V	P	P
R	H	I	E	Y	W	B	O	I	P	T	B	Z	B	E	Y

ŽIVOTINJE
AVANTURA
KOMPAS
KABINA
KANU
KARTA
ŠEŠIR
LOV
UŽE
OPREMA
VATRA
ŠUMA
VISEĆA
KUKAC
JEZERO
FENJER
MJESEC
PLANINA
PRIRODA
ŠATOR

11 - Écologie

E	D	Y	G	F	A	W	W	B	J	E	H	J	V	K	C
C	O	T	C	A	Š	U	S	U	D	G	C	H	P	J	R
G	B	G	M	U	R	H	G	B	N	T	A	C	L	N	E
Y	L	I	E	N	I	N	A	L	P	B	P	B	K	K	S
N	M	O	W	A	U	O	Y	P	R	I	R	O	D	A	U
K	G	U	B	I	C	H	I	O	B	K	P	M	V	N	R
V	K	F	V	A	W	Y	W	C	Y	S	D	M	R	A	S
T	S	O	K	I	L	O	N	Z	A	R	F	O	S	T	I
Đ	Đ	E	T	Š	I	N	A	T	S	O	L	Č	T	S	R
O	G	T	O	S	U	I	O	T	G	M	O	V	A	P	E
K	D	P	R	I	R	O	D	N	O	O	R	A	C	O	T
K	L	R	J	Z	Y	Z	T	N	N	P	A	R	Z	M	N
F	G	I	Ž	H	M	M	H	C	S	P	A	A	Đ	S	O
S	V	Z	M	I	Z	A	J	E	D	N	I	C	E	V	L
A	G	E	P	A	V	B	I	L	J	E	T	R	U	J	O
V	E	G	E	T	A	C	I	J	A	I	L	Y	N	V	V

VOLONTERI
KLIMA
ZAJEDNICE
RAZNOLIKOST
ODRŽIV
VRSTA
FAUNA
FLORA
GLOBALNO
STANIŠTE
MOČVARA
POMORSKI
PLANINE
PRIRODA
PRIRODNO
BILJE
RESURSI
SUŠA
OPSTANAK
VEGETACIJA

12 - Géométrie

P	K	L	G	T	E	G	H	I	N	D	P	U	P	P	Y
O	B	O	N	L	E	L	A	R	A	P	B	I	F	R	C
V	B	Z	A	V	Đ	G	J	I	J	C	K	T	I	O	J
R	G	K	G	A	M	D	I	W	I	C	S	U	T	P	E
Š	V	G	I	P	V	Z	Z	E	D	G	J	K	T	O	D
I	M	E	M	S	R	M	N	O	E	B	R	O	J	R	N
N	I	A	J	I	R	O	E	T	M	H	W	R	Đ	C	A
A	L	D	A	M	W	D	M	B	D	E	N	T	L	I	D
U	O	U	A	E	S	L	I	J	K	R	U	G	D	J	Ž
C	G	G	D	T	W	L	D	C	E	J	Č	O	P	A	B
A	I	D	Z	R	Z	G	O	Z	M	R	A	K	Đ	E	A
F	K	K	N	I	V	I	S	I	N	A	R	O	S	I	B
K	A	J	D	J	I	Z	H	J	H	Z	Z	M	H	J	Z
L	N	N	K	A	S	A	M	R	O	Y	I	I	O	Đ	H
K	R	I	V	U	L	J	A	K	N	C	J	T	C	B	L
B	J	K	U	T	B	J	I	C	S	E	G	M	E	N	T

KUT
IZRAČUN
KRUG
KRIVULJA
PROMJER
DIMENZIJA
JEDNADŽBA
VISINA
LOGIKA
MASA
MEDIJAN
BROJ
PARALELNO
PROPORCIJA
SEGMENT
POVRŠINA
SIMETRIJA
TEORIJA
TROKUT
OKOMIT

13 - Les Médias

S	N	M	S	V	E	K	Y	P	E	K	D	O	V	U	F
S	L	O	V	Đ	J	J	O	P	L	O	I	B	J	P	O
T	K	I	J	I	N	I	L	A	N	M	G	R	W	D	T
A	A	D	K	S	A	U	Y	N	R	U	I	A	Č	M	O
V	P	A	Ž	E	R	M	I	L	Đ	N	T	Z	I	K	G
O	M	R	G	N	I	G	N	G	R	I	A	O	N	N	R
V	V	F	Y	T	C	P	O	N	K	K	L	V	J	O	A
I	L	Đ	B	I	N	Y	K	Z	V	A	N	A	E	V	F
T	R	G	O	V	A	Č	K	I	K	C	I	N	N	I	I
L	S	E	E	J	N	E	J	L	Š	I	M	J	I	N	J
O	N	O	J	H	I	L	A	T	A	J	V	E	C	E	E
K	O	H	N	T	F	G	I	Y	N	A	Z	D	E	U	Y
A	K	V	A	V	R	I	N	D	U	S	T	R	I	J	A
L	F	A	D	P	A	T	E	L	E	V	I	Z	I	J	A
N	U	E	Z	G	J	J	Đ	Y	G	J	V	I	A	H	C
I	V	L	I	N	T	E	L	E	K	T	U	A	L	A	C

STAVOVI
TRGOVAČKI
KOMUNIKACIJA
NA LINIJI
IZDANJE
OBRAZOVANJE
ČINJENICE
FINANCIRANJE
SLIKE
INDUSTRIJA
INTELEKTUALAC
NOVINE
LOKALNI
DIGITALNI
MIŠLJENJE
FOTOGRAFIJE
JAVNOST
RADIO
MREŽA
TELEVIZIJA

14 - Diplomatie

I	B	O	N	F	S	H	M	N	A	N	A	S	B	R	R
C	N	J	G	D	T	L	K	Y	K	N	Y	T	K	A	U
V	B	R	R	P	O	L	I	T	I	K	A	R	P	S	R
V	P	D	A	K	U	L	D	O	T	G	P	A	O	P	J
L	I	I	Đ	T	Y	B	R	Đ	E	V	A	N	N	R	E
A	Đ	P	A	C	I	N	D	E	J	A	Z	I	R	A	Š
D	I	A	N	D	J	N	U	G	O	V	O	R	F	V	E
A	I	D	I	K	S	T	A	M	O	L	P	I	D	A	N
L	I	G	T	G	E	J	K	M	V	Đ	J	D	G	J	J
P	R	A	V	D	A	C	Z	R	U	O	C	W	N	N	E
I	N	T	E	G	R	I	T	E	T	H	V	R	K	D	U
S	M	G	R	A	Đ	A	N	S	K	I	G	G	D	A	I
C	U	W	S	I	G	U	R	N	O	S	T	D	B	R	W
H	I	K	E	S	A	V	J	E	T	N	I	K	K	U	P
K	Y	R	O	D	A	S	A	B	M	A	C	Y	T	S	Z
N	U	L	P	B	G	P	L	Z	W	E	I	K	C	U	Y

AMBASADOR
GRAĐANI
GRAĐANSKI
ZAJEDNICA
SUKOB
SAVJETNIK
SURADNJA
DIPLOMATSKI
RASPRAVA
ETIKA
STRANI
VLADA
HUMANITARNI
INTEGRITET
PRAVDA
POLITIKA
ODLUKA
SIGURNOST
RJEŠENJE
UGOVOR

15 - Électricité

T	U	T	I	Č	N	I	C	A	Đ	Đ	I	U	U	R	S
E	E	O	G	D	C	Đ	T	U	I	O	E	I	L	B	K
N	D	L	Z	Y	Y	C	G	N	B	C	L	R	T	R	L
G	Đ	E	E	L	Z	V	W	J	O	H	E	Đ	Y	D	A
A	E	Z	K	F	I	N	Č	I	R	T	K	E	L	E	D
M	V	R	Y	N	O	Z	C	T	B	I	T	Ž	P	T	I
Đ	L	Ž	I	C	E	N	W	K	M	O	R	A	O	E	Š
N	K	A	B	E	L	A	B	E	R	P	I	R	Z	L	T
L	A	N	L	H	B	N	W	J	E	R	Č	U	I	E	E
P	J	V	B	K	Y	S	D	B	Ž	E	A	L	T	V	N
S	I	Z	I	Z	U	S	J	O	A	M	R	J	I	I	J
I	R	B	K	T	I	Đ	V	M	L	A	M	A	V	Z	E
G	E	N	E	R	A	T	O	R	E	S	A	L	A	I	M
D	T	V	N	Đ	Đ	G	F	G	M	I	I	O	N	J	H
D	A	K	J	L	I	T	E	J	V	S	D	M	A	A	W
K	B	B	H	P	T	O	A	N	I	Č	I	L	O	K	J

MAGNET
ŽARULJA
BATERIJA
KABEL
ELEKTRIČAR
ELEKTRIČNI
OPREMA
ŽICE
GENERATOR
SVJETILJKA
LASER
NEGATIVAN
OBJEKTI
POZITIVAN
UTIČNICA
KOLIČINA
MREŽA
SKLADIŠTENJE
TELEFON
TELEVIZIJA

16 - Astronomie

S	Z	K	M	K	N	V	R	A	A	C	I	L	G	A	M
G	U	E	O	B	E	N	I	S	S	R	H	N	Z	C	M
K	K	P	M	Z	C	O	M	T	T	A	U	Đ	O	I	F
O	D	P	E	L	M	M	E	E	R	K	O	M	E	N	D
N	B	B	J	R	J	O	V	R	O	E	K	I	K	R	V
S	M	F	N	O	N	A	S	O	N	T	L	P	V	A	R
T	Z	R	E	E	V	O	D	I	A	A	W	L	I	D	N
E	C	A	Č	T	K	W	V	D	U	C	Đ	A	N	Z	V
L	Đ	B	A	E	G	Z	Z	A	T	E	U	N	O	E	B
A	C	K	R	M	O	N	O	R	T	S	A	E	C	J	J
C	W	K	Z	D	N	B	F	I	E	E	D	T	I	V	Đ
I	A	U	G	T	A	C	G	N	S	J	J	A	J	Z	H
J	M	O	S	J	Č	J	G	Y	R	M	P	J	A	L	V
A	F	P	O	J	N	T	Y	P	O	M	R	Č	I	N	A
R	B	Z	E	R	U	G	A	L	A	K	S	I	J	A	A
C	R	S	J	Z	S	I	B	J	K	K	F	N	D	G	N

ASTEROID
ASTRONAUT
ASTRONOM
NEBO
KONSTELACIJA
KOZMOS
POMRČINA
EKVINOCIJA
RAKETA
GALAKSIJA
MJESEC
METEOR
MAGLICA
ZVJEZDARNICA
PLANETA
ZRAČENJE
SUNČANO
SUPERNOVA
ZEMLJA
SVEMIR

17 - Physique

Y	J	M	M	E	H	A	N	I	K	A	K	J	B	F	N
P	E	R	A	M	B	S	C	G	K	T	E	K	R	R	U
H	M	A	S	G	O	D	F	C	E	W	M	P	Z	E	K
S	G	I	Đ	O	N	T	D	Y	N	T	I	L	I	K	L
L	Y	A	P	N	K	E	O	A	A	A	J	I	N	V	E
G	U	S	T	O	Ć	A	T	R	L	J	S	N	A	E	A
H	M	O	C	R	R	L	V	I	A	I	K	C	A	N	R
V	M	A	N	T	E	U	A	G	Z	C	I	U	Č	C	N
Y	W	K	S	K	Y	K	N	K	R	A	V	A	E	I	I
H	N	L	V	E	C	E	S	Z	E	T	M	A	S	J	T
T	F	Z	M	L	N	L	Y	H	V	I	S	F	T	A	G
Đ	T	S	Đ	E	R	O	N	A	I	V	V	I	I	D	M
F	A	V	A	H	Y	M	T	S	N	A	N	S	C	B	A
F	O	R	M	U	L	A	S	I	U	R	O	I	A	U	T
U	B	R	Z	A	N	J	E	O	O	G	L	A	I	Y	O
R	E	L	A	T	I	V	N	O	S	T	S	L	I	K	M

UBRZANJE
ATOM
KAOS
KEMIJSKI
GUSTOĆA
ELEKTRON
FORMULA
FREKVENCIJA
PLIN
GRAVITACIJA

MAGNETIZAM
MASA
MEHANIKA
MOLEKULA
MOTOR
NUKLEARNI
ČESTICA
RELATIVNOST
UNIVERZALAN
BRZINA

18 - Types de Cheveux

V	B	I	Y	O	C	P	R	T	I	J	O	D	Y	Y	Ć
V	K	I	Z	R	D	H	M	D	F	V	M	W	C	I	E
Z	O	O	J	B	R	T	I	H	Z	Y	N	E	V	Z	L
T	O	Z	V	E	Č	R	V	O	K	T	D	N	L	D	A
K	A	F	L	R	L	N	A	J	A	J	S	M	E	Đ	V
R	V	N	C	S	Č	I	M	S	U	H	O	V	C	D	P
A	I	A	A	K	S	A	N	E	O	S	C	A	I	U	N
T	S	K	T	K	Z	D	V	V	D	A	M	L	N	G	J
A	Đ	E	A	U	F	L	Đ	A	L	L	B	O	E	O	A
K	W	M	Z	P	L	A	V	U	Š	A	O	V	T	V	L
C	Đ	A	K	H	L	O	Z	W	G	Y	D	I	E	E	T
W	Y	V	O	N	U	B	D	T	G	H	I	T	L	Z	C
D	Y	N	M	I	Y	W	E	I	U	O	D	A	P	Y	R
E	C	D	O	C	T	G	B	O	K	J	G	K	Z	J	N
A	P	Z	D	R	A	V	E	A	U	O	N	Đ	T	W	A
O	E	L	J	Y	F	P	O	P	L	E	T	E	N	A	M

SREBRO
BIJELI
PLAVUŠA
KOVRČE
SJAJAN
ĆELAV
KRATAK
MEKAN
DEBEO
KOVRČAVA
SIVA
DUGO
SMEĐ
TANAK
CRNA
VALOVITA
ZDRAV
SUHO
PLETENICE
PLETENA

19 - Archéologie

K	E	D	T	A	J	I	C	A	Z	I	L	I	V	I	C
R	E	L	I	K	V	I	J	A	A	P	R	T	P	T	I
F	R	A	G	M	E	N	T	I	B	O	M	I	R	K	S
K	O	S	T	I	A	A	W	U	O	T	U	M	O	E	T
A	H	R	H	I	T	R	L	S	R	O	Z	O	F	J	R
J	K	U	J	W	F	I	H	W	A	M	A	O	E	B	A
N	T	K	T	V	A	H	Đ	U	V	A	J	U	S	O	Ž
Č	J	Z	W	F	J	N	T	O	I	K	I	J	O	O	I
U	M	M	F	F	I	G	A	R	O	L	C	H	R	J	V
R	K	S	O	C	R	R	N	L	G	L	A	L	Y	Y	A
T	E	K	S	Đ	E	C	Z	F	I	L	U	Y	G	E	Č
S	K	M	I	D	T	D	O	B	A	Z	L	H	O	P	K
Y	G	B	L	T	S	L	P	O	Y	B	A	E	D	F	S
G	K	Đ	Y	J	I	I	E	R	V	C	V	U	I	W	V
V	B	P	D	Z	M	Z	N	G	T	P	E	N	N	V	G
D	N	C	H	T	J	Y	Y	J	A	P	G	N	E	G	F

ANALIZA
GODINE
ISTRAŽIVAČ
CIVILIZACIJA
POTOMAK
STRUČNJAK
DOBA
TIM
EVALUACIJA
FOSIL

FRAGMENTI
NEPOZNAT
MISTERIJA
OBJEKTI
KOSTI
ZABORAVIO
PROFESOR
RELIKVIJA
HRAM
GROB

20 - Mammifères

L	M	V	B	I	K	A	O	K	E	N	J	D	S	M	K
K	A	A	K	L	K	I	T	C	A	V	R	G	N	U	L
U	T	L	J	K	I	Y	R	P	A	C	E	U	O	M	E
S	Đ	O	N	M	L	S	T	B	O	Đ	S	R	S	Z	A
R	L	J	O	Z	U	Y	I	M	A	Č	K	A	I	E	Y
J	Z	O	K	E	V	N	F	C	W	C	I	G	T	C	S
P	F	F	N	B	U	J	J	Y	A	S	G	I	I	I	N
A	G	V	L	R	K	Ž	I	R	A	F	A	T	Z	L	T
S	K	U	S	A	W	D	I	Z	J	G	O	R	I	L	A
L	L	M	G	K	O	Y	Y	G	M	Đ	D	D	A	U	N
H	O	T	T	N	V	D	U	T	P	O	Đ	N	R	M	Y
P	K	A	V	A	C	L	K	O	J	O	T	O	T	I	H
Đ	A	M	D	E	E	Đ	F	B	Đ	Z	U	Đ	Y	N	H
J	N	E	Y	P	V	K	Z	C	L	G	D	W	Đ	J	D
R	B	T	D	O	N	Đ	Y	O	N	F	Z	Y	E	G	J
A	V	N	D	U	P	I	N	Z	B	G	Đ	W	K	T	K

KIT
MAČKA
KONJ
PAS
KOJOT
DUPIN
SLON
ŽIRAFA
GORILA
KLOKAN

ZEC
LAV
VUK
OVCE
SNOSITI
LISICA
MAJMUN
BIK
TIGAR
ZEBRA

21 - Chocolat

S	O	K	O	K	K	I	K	I	R	I	K	I	M	K	P
B	A	O	M	I	L	J	E	N	I	A	Đ	Y	P	A	R
O	M	S	U	K	U	S	N	O	N	S	U	K	U	L	A
G	O	K	T	A	L	S	E	B	W	D	A	B	Z	O	H
P	R	N	P	O	J	J	I	M	B	D	Y	U	L	R	D
Y	A	R	E	N	J	C	W	O	P	H	W	E	W	I	L
Đ	I	Đ	C	Č	D	A	G	B	K	U	I	N	U	J	U
G	S	J	E	I	L	R	K	P	V	O	M	D	G	E	D
B	N	S	R	T	S	R	C	M	A	D	K	I	T	Z	B
L	I	J	E	O	K	L	U	E	L	U	B	U	U	A	U
K	F	W	Ć	Z	S	B	A	J	I	O	Đ	S	S	K	F
H	L	O	E	G	U	R	K	J	T	T	G	O	R	A	K
D	K	K	Š	E	F	M	A	L	E	M	A	R	A	K	T
M	H	B	V	H	T	U	K	V	T	E	O	F	Đ	A	I
T	D	J	D	S	T	U	A	O	A	Y	B	F	P	T	D
P	Z	Y	Y	G	N	N	O	Z	A	N	A	T	S	K	I

GORAK
AROMA
ZANATSKI
BOMBON
KIKIRIKI
KAKAO
KALORIJE
KARAMELA
UKUSNO
SLATKO
EGZOTIČNO
OMILJENI
UKUS
SASTOJAK
KOKOS
PRAH
KVALITETA
RECEPT
OKUS
ŠEĆER

22 - Mathématiques

D	P	S	P	S	S	U	M	A	H	N	C	G	O	F	P
E	A	G	A	R	I	E	K	S	P	O	N	E	N	T	O
C	R	F	R	Y	O	M	B	R	W	O	T	S	P	G	L
I	A	J	I	U	M	M	E	A	L	O	Z	P	A	E	I
M	L	G	T	B	C	T	J	T	C	S	L	O	R	O	G
A	E	O	M	J	K	K	F	E	R	O	T	Y	A	M	O
L	L	J	E	A	O	Z	R	M	R	I	J	V	L	E	N
A	O	E	T	T	C	N	E	I	G	D	J	Y	E	T	E
B	G	O	I	J	T	S	A	R	W	P	R	A	L	R	M
Ž	R	K	K	F	M	L	F	E	T	R	V	J	N	I	U
D	A	O	A	D	Đ	H	D	P	V	R	I	I	O	J	L
A	M	M	K	V	A	D	R	A	T	Y	O	C	Z	A	O
N	K	I	N	T	U	K	O	V	A	R	P	K	T	C	V
D	H	C	K	U	T	O	V	I	S	R	A	A	U	U	O
E	D	A	U	W	G	J	L	W	R	O	I	R	G	T	A
J	S	W	V	F	A	A	C	V	A	B	M	F	E	D	O

KUTOVI
ARITMETIKA
KVADRAT
OPSEG
DECIMALA
PROMJER
EKSPONENT
JEDNADŽBA
FRAKCIJA
GEOMETRIJA

PARALELNO
PARALELOGRAM
OKOMICA
PERIMETAR
POLIGON
PRAVOKUTNIK
SUMA
SIMETRIJA
TROKUT
VOLUMEN

23 - Sport

K	L	M	K	D	H	R	Z	S	N	A	G	A	T	P	I
V	I	A	V	O	I	I	M	D	R	M	S	Đ	R	R	Z
Đ	Y	K	Z	L	S	J	O	H	R	Y	P	T	E	O	D
F	V	S	Đ	T	W	T	E	M	H	A	P	N	N	G	R
G	N	I	G	G	O	J	I	T	B	M	V	E	E	R	Ž
M	S	M	E	F	L	L	T	A	A	I	H	L	R	A	L
E	P	I	C	H	E	I	R	J	G	Š	N	G	J	M	J
T	O	Z	D	N	J	C	Đ	A	O	I	G	H	J	E	I
A	S	I	I	P	I	W	C	D	B	Ć	K	V	P	S	V
B	O	R	H	S	T	W	N	H	H	I	P	N	L	P	O
O	B	A	B	I	C	I	K	L	I	Z	A	M	E	O	S
L	N	T	C	I	S	H	R	A	N	A	Z	U	S	R	T
I	O	I	P	S	P	O	R	T	A	Š	Y	L	Đ	T	J
Č	S	J	B	O	C	K	S	L	U	P	K	P	I	S	Z
K	T	O	P	S	H	D	L	I	F	A	H	H	C	K	F
I	T	A	V	I	L	P	V	B	H	R	J	B	J	I	E

SPORTAŠ
SPOSOBNOST
TIJELO
BICIKLIZAM
PLES
DIJETA
IZDRŽLJIVOST
TRENER
SNAGA
JOGGING
MAKSIMIZIRATI
METABOLIČKI
MIŠIĆI
PLIVATI
ISHRANA
CILJ
KOSTI
PROGRAM
ZDRAVLJE
SPORTSKI

24 - Mythologie

U	J	Z	Đ	Đ	Y	R	J	J	O	Đ	L	L	B	L	L
R	Đ	N	H	R	P	A	J	N	E	R	E	J	V	U	J
Y	Y	S	T	D	G	T	T	F	C	H	G	M	S	G	U
R	U	G	T	S	O	N	T	R	M	S	E	B	T	R	B
J	P	L	A	V	D	I	O	R	V	T	N	P	V	M	O
S	U	F	F	V	O	K	H	B	R	F	D	O	A	L	M
Đ	K	N	Z	F	L	R	Y	V	D	N	A	N	R	J	O
S	A	F	A	U	A	A	E	T	H	V	R	A	A	A	R
N	T	T	J	K	B	R	T	N	D	I	U	Š	N	V	A
A	A	H	N	I	I	H	Š	T	J	W	T	A	J	I	I
G	S	A	U	N	R	E	I	R	O	E	L	N	E	N	O
A	T	Y	M	T	I	T	V	P	O	O	U	J	F	A	S
S	R	P	E	R	N	I	O	H	B	S	K	E	I	W	V
L	O	F	H	M	T	P	D	Č	A	R	O	B	N	I	E
J	F	Z	M	S	M	C	U	I	G	Y	Y	D	L	C	T
K	A	C	R	R	S	G	Č	Z	S	Z	Đ	Y	W	S	A

ARHETIP
KATASTROFA
PONAŠANJE
STVARANJE
STVORENJE
UVJERENJA
KULTURA
MUNJA
SNAGA
RATNIK
JUNAK
BESMRTNOST
LJUBOMORA
LABIRINT
LEGENDA
ČAROBNI
ČUDOVIŠTE
SMRTNIK
GRMLJAVINA
OSVETA

25 - Restaurant #2

D	F	A	Z	F	H	P	C	Y	C	J	T	O	S	V	S
Z	L	H	W	P	C	I	U	E	T	N	A	V	O	I	T
P	A	B	I	R	F	Ć	L	A	K	T	R	J	L	L	B
F	H	Č	Y	W	H	E	N	V	Đ	G	E	Z	A	I	B
H	U	G	I	C	U	Ć	N	Ž	K	Đ	Č	Đ	T	C	V
T	J	O	F	N	T	R	L	L	I	J	E	G	A	A	D
A	L	T	H	U	I	V	C	I	M	P	V	O	L	C	P
U	L	E	U	E	C	O	V	C	N	A	W	O	A	I	L
M	S	I	D	G	N	P	O	A	T	R	O	T	S	L	F
T	Đ	Y	S	A	A	Đ	Ć	V	M	D	Z	L	N	O	L
D	Z	K	U	E	Z	R	E	O	N	S	U	K	U	T	Y
R	U	Č	A	K	E	F	T	D	M	P	G	A	D	S	I
M	B	I	S	B	R	R	R	A	B	O	N	O	K	R	F
Đ	Đ	K	M	P	A	I	H	N	O	D	P	N	N	H	C
Đ	I	Đ	L	U	E	P	S	P	Z	A	T	G	O	F	V
N	K	I	Đ	R	K	G	D	Y	E	V	M	M	O	W	I

PIĆE
STOLICA
ŽLICA
RUČAK
UKUSNO
VEČERA
VODA
ZAČINI
VILICA
VOĆE
TORTA
LED
POVRĆE
REZANCI
JAJA
RIBA
SALATA
SOL
KONOBAR
JUHA

26 - Beauté

Š	M	P	H	O	S	P	U	Y	R	B	W	P	D	S	R
M	M	S	O	R	O	N	O	P	M	A	Š	A	S	Š	Đ
L	N	I	T	J	W	H	D	E	A	Ž	S	K	M	A	N
W	P	R	N	E	W	M	G	T	S	O	L	I	M	R	G
S	Z	I	A	K	L	F	E	U	K	K	H	T	J	M	S
K	H	M	Č	O	A	E	Z	Č	A	Đ	R	E	K	A	C
A	U	G	I	Z	J	R	G	V	R	F	U	M	H	M	B
I	S	J	N	I	I	A	V	A	A	V	Ž	Z	F	R	O
P	L	T	E	F	C	K	G	J	N	I	O	O	E	L	T
U	U	Z	G	H	N	Š	P	O	I	T	B	K	Đ	G	N
M	G	P	O	Đ	A	U	V	B	V	Đ	A	H	W	V	L
M	E	D	T	S	G	U	L	J	A	L	G	N	B	Đ	G
V	R	C	O	M	E	O	G	L	E	D	A	L	O	R	E
W	R	Đ	F	R	L	S	T	I	L	I	S	T	N	Y	N
C	Đ	C	M	B	E	P	R	O	I	Z	V	O	D	I	E
V	W	H	H	V	M	A	U	T	J	O	Z	L	D	O	J

KOVRČE
ŠARM
ŠKARE
KOZMETIKA
BOJA
ELEGANCIJA
ELEGANTAN
MILOST
ULJA
ŠMINKA
MASKARA
OGLEDALO
MIRIS
KOŽA
FOTOGENIČAN
PROIZVODI
RUŽ
USLUGE
ŠAMPON
STILIST

27 - Avions

N	B	F	G	I	U	B	W	D	T	R	Y	P	J	N	H
O	A	R	U	T	N	A	V	A	S	D	R	L	Đ	U	S
L	S	P	R	M	Z	L	R	U	K	I	L	M	G	I	N
A	S	P	U	Z	R	A	K	P	D	O	L	K	Z	W	H
B	V	T	V	H	P	I	L	O	T	E	F	A	J	Đ	N
A	B	E	J	N	A	T	E	J	I	L	S	D	Z	F	D
N	T	B	O	O	S	T	K	P	V	I	I	A	P	A	G
I	G	M	E	T	P	K	I	N	T	U	P	S	O	O	K
S	O	O	O	B	E	N	D	W	R	S	Z	O	V	M	C
I	R	A	P	S	J	O	O	N	L	T	F	P	I	M	I
V	I	M	H	Đ	F	E	V	S	M	J	E	R	J	D	A
I	V	T	O	I	R	E	L	E	P	O	R	P	E	T	W
L	O	M	S	T	Z	Đ	R	O	T	O	M	N	S	Z	A
G	E	N	C	G	I	U	Y	A	K	H	K	R	T	H	J
I	Z	G	R	A	D	N	J	A	V	O	J	Z	L	W	S
T	U	R	B	U	L	E	N	C	I	J	A	V	J	N	Đ

ZRAK
ATMOSFERA
SLIJETANJE
AVANTURA
BALON
GORIVO
NEBO
IZGRADNJA
SILAZAK
SMJER
POSADA
NAPUHATI
VISINA
PROPELERI
POVIJEST
VODIK
MOTOR
PUTNIK
PILOT
TURBULENCIJA

28 - Aventure

I	J	W	E	R	L	P	H	J	Y	F	N	I	R	J	F
L	J	E	P	O	T	A	R	R	W	V	O	Z	A	R	T
I	A	F	K	V	W	H	B	I	A	Y	V	L	D	A	V
A	M	E	R	P	I	R	P	U	R	B	O	E	O	R	D
K	K	T	E	W	R	F	Đ	Y	V	O	R	T	S	E	T
I	N	T	S	O	N	R	U	G	I	S	D	O	T	N	E
L	J	D	I	Y	K	B	S	E	V	F	I	A	S	I	Š
I	F	V	V	V	O	D	R	E	D	I	Š	T	E	T	K
R	A	G	O	N	N	W	F	I	K	F	G	J	U	I	O
P	Z	Z	Z	J	W	O	N	Č	I	B	O	E	N	A	Ć
S	U	H	A	W	Y	Đ	S	F	O	P	A	S	N	O	A
P	F	Y	Z	D	G	M	M	T	S	A	K	J	K	C	F
J	Y	Z	I	I	Z	N	E	N	A	Đ	U	J	U	Ć	I
N	A	V	I	G	A	C	I	J	A	W	E	G	Y	Đ	O
E	N	T	U	Z	I	J	A	Z	A	M	M	K	M	J	Đ
W	M	Z	N	I	P	U	T	O	V	A	N	J	A	W	C

AKTIVNOST
LJEPOTA
HRABROST
PRILIKA
OPASNO
ODREDIŠTE
IZAZOVI
TEŠKOĆA
ENTUZIJAZAM
IZLET
NEOBIČNO
ITINERAR
RADOST
PRIRODA
NAVIGACIJA
NOVO
PRIPREMA
SIGURNOST
IZNENAĐUJUĆI
PUTOVANJA

29 - Ville

N	A	K	U	L	A	N	Č	A	R	Z	K	Z	S	J	K
M	P	J	Y	A	J	I	R	E	L	A	G	B	U	A	A
B	A	N	K	A	B	E	E	H	S	M	R	Z	P	K	Z
Z	N	C	B	R	V	A	K	I	N	I	L	K	E	Y	A
T	R	Ž	I	Š	T	E	D	A	T	V	W	M	R	C	L
C	C	F	E	O	P	C	Z	R	R	F	M	U	M	V	I
P	O	D	A	C	I	N	Ž	I	J	N	K	Z	A	J	Š
S	V	E	U	Č	I	L	I	Š	T	E	A	E	R	E	T
R	J	Đ	T	J	Š	P	P	Y	H	W	G	J	K	Ć	E
P	E	K	A	R	A	K	Z	A	F	O	D	L	E	A	E
F	O	O	A	D	I	C	O	A	B	Đ	T	J	T	R	D
K	N	J	I	Ž	A	R	A	L	S	M	R	E	H	G	C
R	E	S	T	O	R	A	N	Y	A	Z	K	L	L	D	U
L	C	W	K	N	Z	O	D	V	V	W	A	K	T	N	Y
S	T	A	D	I	O	N	S	G	C	B	B	W	F	F	L
V	W	R	H	K	Z	O	O	L	O	Š	K	I	V	R	T

ZRAČNA LUKA
BANKA
KNJIŽNICA
PEKARA
KINO
KLINIKA
ŠKOLA
CVJEĆAR
GALERIJA
HOTEL
KNJIŽARA
TRŽIŠTE
MUZEJ
LJEKARNA
RESTORAN
STADION
SUPERMARKET
KAZALIŠTE
SVEUČILIŠTE
ZOOLOŠKI VRT

30 - Ingénierie

I	C	I	N	A	Č	P	U	Z	S	K	T	V	I	D	M
Z	U	Đ	O	J	T	P	W	S	V	N	C	P	U	I	C
G	V	G	G	I	T	V	D	E	P	O	A	G	Đ	S	Z
R	H	Z	O	C	H	I	O	U	M	C	U	G	Z	T	E
A	O	S	P	A	F	V	S	U	B	U	L	L	A	R	D
D	P	U	G	T	U	C	Z	W	Đ	I	Y	P	N	I	I
N	B	C	D	O	H	L	O	G	W	V	N	S	I	B	J
J	N	G	A	R	U	T	K	U	R	T	S	A	Ć	U	A
A	I	J	R	I	Đ	E	B	L	E	Z	I	D	U	C	G
E	R	Z	E	N	E	R	G	I	J	A	S	R	K	I	R
Đ	H	C	R	M	O	T	O	R	M	H	S	W	E	J	A
Y	Y	C	N	A	M	J	N	C	O	H	J	Z	T	A	M
S	T	R	O	J	Č	M	J	E	R	E	N	J	E	K	J
L	H	L	S	M	Z	U	S	V	P	D	Y	N	R	U	R
B	K	T	Y	C	Y	Z	N	Y	D	Y	V	R	A	T	S
A	V	O	K	K	U	S	T	A	B	I	L	N	O	S	T

KUT
OS
IZRAČUN
IZGRADNJA
DIJAGRAM
PROMJER
DIZEL
DISTRIBUCIJA
ZUPČANICI
ENERGIJA
SNAGA
TEKUĆINA
STROJ
MJERENJE
MOTOR
DUBINA
POGON
ROTACIJA
STABILNOST
STRUKTURA

31 - Énergie

K	F	V	E	J	C	O	L	U	H	E	D	U	K	E	S
Đ	O	E	J	N	E	Đ	A	G	A	Z	I	R	G	E	L
F	I	E	F	I	O	B	Đ	L	V	L	Z	B	O	H	U
T	Đ	N	U	Z	S	R	Y	J	E	N	E	A	R	A	M
D	O	F	F	N	Y	M	T	I	D	F	L	J	I	O	G
N	L	P	H	E	D	J	G	K	E	B	A	I	V	G	G
S	S	F	L	B	Z	K	L	L	E	O	V	P	O	M	R
T	A	R	V	I	W	A	V	I	J	L	V	O	N	B	O
J	U	B	P	Đ	N	N	Đ	W	M	B	E	R	O	O	W
N	Z	R	V	H	R	A	E	G	P	A	K	T	T	P	A
W	Đ	Z	B	O	K	O	L	I	Š	T	K	N	O	R	K
S	I	N	Č	I	R	T	K	E	L	E	U	E	F	B	R
V	O	D	I	K	N	E	B	G	K	R	A	D	Z	R	P
V	J	E	T	A	R	A	M	P	E	I	S	U	N	C	E
I	N	D	U	S	T	R	I	J	A	J	M	O	T	O	R
N	U	K	L	E	A	R	N	I	T	A	M	C	T	P	W

BATERIJA
UGLJIK
GORIVO
TOPLINA
DIZEL
ENTROPIJA
OKOLIŠ
BENZIN
ELEKTRIČNI
ELEKTRON
VODIK
INDUSTRIJA
MOTOR
NUKLEARNI
FOTON
ZAGAĐENJE
OBNOVLJIV
SUNCE
TURBINA
VJETAR

32 - Corps Humain

M	I	K	H	C	T	E	D	K	O	Z	N	M	V	J	L
H	W	B	F	P	Đ	N	B	O	M	B	K	O	Ž	A	I
H	Y	Đ	Č	V	P	Z	K	M	U	J	D	Z	H	Đ	C
Z	H	R	E	G	L	A	V	A	G	N	R	K	C	P	E
K	Y	W	L	B	Ž	E	L	U	D	A	C	D	U	Z	T
L	R	N	J	T	R	M	G	H	S	Ž	T	A	K	A	L
E	S	V	U	O	B	A	K	U	R	E	A	S	U	C	Đ
Y	I	A	S	R	H	R	D	T	C	L	R	O	U	T	D
W	B	E	T	G	T	V	J	A	E	G	V	N	V	C	A
O	P	D	S	G	J	T	D	K	Đ	M	L	U	H	O	J
O	D	U	R	B	T	F	M	L	I	B	F	K	I	N	A
Z	E	E	P	G	A	T	P	E	E	J	N	M	F	E	Đ
Z	Z	V	Z	K	U	S	N	E	E	S	C	H	L	J	T
Z	C	S	Đ	Z	F	L	J	R	P	V	B	S	M	L	E
K	Z	I	S	S	Z	A	J	H	P	M	W	Y	D	O	Z
C	D	W	M	O	Z	A	K	B	O	O	T	G	Z	K	U

USTA
MOZAK
GLEŽANJ
VRAT
LAKAT
SRCE
PRST
ŽELUDAC
RAME
KOLJENO
USNE
RUKA
ČELJUST
BRADA
NOS
UHO
KOŽA
KRV
GLAVA
LICE

33 - Biologie

D	G	H	G	R	H	F	F	P	L	W	S	N	V	I	N
L	U	T	G	Đ	H	A	W	P	U	M	I	Z	N	E	E
R	A	A	M	O	S	O	M	O	R	K	S	G	F	A	U
L	I	M	A	N	E	G	A	L	O	K	A	M	J	S	R
J	B	N	Z	J	V	P	U	L	I	T	V	E	I	O	O
S	I	M	B	I	O	Z	A	H	Đ	C	A	V	I	Ž	N
B	A	K	T	E	R	I	J	E	W	J	C	O	G	P	S
M	U	T	A	C	I	J	A	G	O	H	P	L	G	P	V
O	Y	A	J	I	M	O	T	A	N	A	F	U	U	J	G
S	P	R	I	R	O	D	N	O	Đ	F	J	C	C	T	O
M	F	O	T	O	S	I	N	T	E	Z	A	I	Đ	R	G
O	E	M	B	R	I	J	A	G	V	U	D	J	L	M	C
Z	H	O	R	M	O	N	U	U	H	K	I	A	B	E	W
A	N	I	V	E	Č	N	A	L	E	J	B	A	C	A	Ć
G	I	S	I	N	A	P	S	A	G	K	Y	R	K	H	F
E	O	B	Y	U	D	B	V	Z	D	R	E	V	K	Z	G

ANATOMIJA
BAKTERIJE
ĆELIJA
KROMOSOM
KOLAGENA
EMBRIJA
ENZIM
EVOLUCIJA
HORMON
SISAVAC
MUTACIJA
PRIRODNO
ŽIVAC
NEURON
OSMOZA
FOTOSINTEZA
BJELANČEVINA
GMAZ
SIMBIOZA
SINAPSA

34 - Épices

U	V	G	Đ	E	R	D	U	T	K	E	J	T	K	Č	G
D	F	Y	Đ	C	R	I	R	N	O	Y	A	E	O	E	R
S	D	W	A	D	K	Y	L	T	W	H	E	O	R	Š	R
O	L	E	S	I	K	O	F	L	E	B	P	S	I	N	A
N	F	A	V	C	V	C	I	U	T	Z	M	K	J	J	Y
P	Đ	E	T	E	M	I	C	K	W	N	I	U	A	A	I
K	P	H	R	K	P	A	P	R	I	K	A	M	N	K	T
A	I	L	U	V	I	P	G	A	C	F	F	I	D	F	L
U	S	U	K	O	H	Z	V	E	W	O	V	N	E	S	O
O	K	T	A	A	Y	B	Đ	A	S	V	A	A	R	O	I
K	A	B	R	J	R	P	A	P	A	R	N	R	I	L	Z
U	V	Y	O	I	R	D	D	L	T	A	I	F	B	J	B
S	I	T	G	C	U	G	A	O	D	M	L	A	M	F	I
W	C	S	R	C	C	S	J	M	C	U	I	Š	U	J	N
O	A	K	O	M	O	R	A	Č	O	P	J	S	Đ	H	Z
V	O	Y	G	D	T	D	Z	F	Z	M	A	Y	C	P	G

KISELO
ČEŠNJAK
GORAK
ANIS
CIMET
KARDAMOM
KORIJANDER
KUMIN
CURRY
KOMORAČ
PISKAVICA
ĐUMBIR
LUK
PAPRIKA
PAPAR
SLATKI
ŠAFRAN
OKUS
SOL
VANILIJA

35 - Agronomie

P	R	K	O	O	Y	S	L	O	O	I	H	P	S	G	P
R	O	K	O	L	I	Š	J	T	N	G	H	O	T	Z	I
O	P	G	V	G	G	Y	F	E	A	V	M	V	U	E	Z
I	T	S	E	L	O	B	I	K	M	R	J	R	D	N	E
Z	G	N	O	J	I	V	O	K	A	E	Z	Ć	I	E	A
V	Z	Z	A	G	A	Đ	E	N	J	E	N	E	J	R	J
O	J	N	Y	T	R	R	S	M	I	Đ	V	K	A	G	I
D	R	L	A	Z	Y	A	P	E	Z	M	D	N	E	I	G
N	U	E	D	N	T	L	O	U	O	R	S	B	W	J	O
J	P	W	O	B	O	A	U	V	R	S	Đ	L	V	A	L
A	C	M	V	U	A	S	Y	V	E	H	K	F	J	L	O
R	A	S	T	I	O	V	T	M	M	U	P	O	N	D	K
Y	O	M	V	I	S	T	R	A	Ž	I	V	A	N	J	E
S	U	S	T	A	V	I	R	I	A	E	H	R	A	N	A
P	O	L	J	O	P	R	I	V	R	E	D	A	H	Đ	R
N	D	V	H	I	K	L	D	N	G	F	T	Y	Z	R	F

POLJOPRIVREDA
RAST
VODA
GNOJIVO
OKOLIŠ
EKOLOGIJA
ENERGIJA
EROZIJA
STUDIJA
SJEMENKE
POVRĆE
BOLESTI
HRANA
ZAGAĐENJE
PROIZVODNJA
ISTRAŽIVANJE
SEOSKO
ZNANOST
TLO
SUSTAVI

36 - Science

E	K	S	P	E	R	I	M	E	N	T	R	Z	M	M	R
M	Z	I	C	E	G	C	A	H	I	P	O	T	E	Z	A
O	N	E	H	Z	R	A	D	M	V	W	Z	J	F	L	B
L	A	U	D	S	A	D	O	R	I	R	P	M	T	A	Y
E	N	W	V	U	V	O	T	L	K	L	D	W	Č	B	B
K	S	V	A	J	I	P	E	K	S	V	K	O	I	O	V
U	T	G	B	J	T	R	M	Y	J	L	L	A	N	R	C
L	V	I	Z	E	A	K	I	Z	I	F	O	J	J	A	B
E	E	Y	S	K	C	V	A	M	M	U	R	R	E	T	I
D	N	L	N	B	I	I	Y	G	E	F	G	Z	N	O	C
L	I	V	E	Đ	J	N	T	V	K	C	A	M	I	R	E
P	K	W	M	G	A	H	N	S	P	B	N	C	C	I	Y
O	A	H	E	U	I	L	A	R	E	N	I	M	A	J	E
E	V	O	L	U	C	I	J	A	Đ	Č	Z	Đ	O	N	R
P	R	O	M	A	T	R	A	N	J	E	A	G	W	T	S
F	O	S	I	L	T	O	V	O	K	T	M	T	C	S	A

ATOM
KEMIJSKI
KLIMA
PODACI
EKSPERIMENT
EVOLUCIJA
ČINJENICA
FOSIL
GRAVITACIJA
HIPOTEZA
LABORATORIJ
METODA
MINERALI
MOLEKULE
PRIRODA
PROMATRANJE
ORGANIZAM
ČESTICE
FIZIKA
ZNANSTVENIK

37 - Vêtements

W	Đ	J	U	C	H	Š	A	J	D	U	N	H	S	U	Đ
S	A	N	D	A	L	E	A	L	E	P	I	C	U	N	I
H	A	L	J	I	N	A	Č	L	Č	Z	Đ	Y	K	A	J
H	J	Š	E	Š	I	R	A	A	A	F	G	S	N	R	P
J	L	R	R	O	W	B	G	U	L	L	V	S	J	U	P
Y	U	S	U	S	Z	L	E	A	H	W	H	H	A	K	U
F	Š	Y	G	K	Đ	B	R	E	P	M	E	Ž	D	V	E
B	O	S	T	E	A	Đ	P	O	S	V	J	P	O	I	P
R	K	Z	B	C	T	V	P	O	J	A	S	A	M	C	A
O	G	R	L	I	C	A	I	D	D	P	J	E	K	A	V
R	L	N	Đ	R	U	K	Đ	C	U	I	E	F	E	N	U
M	P	K	O	E	O	T	R	I	E	D	F	B	I	Đ	A
P	I	O	R	P	K	A	P	U	T	Ž	F	L	H	I	K
E	T	Z	T	A	Đ	S	P	S	H	A	P	U	E	F	F
Đ	G	P	I	R	A	Z	P	B	A	M	P	Z	J	S	D
H	U	E	G	T	V	Y	M	G	Y	A	F	A	G	S	I

NARUKVICA
POJAS
ŠEŠIR
CIPELA
KOŠULJA
BLUZA
OGRLICA
ŠAL
RUKAVICE
TRAPERICE
SUKNJA
KAPUT
MODA
HLAČE
DŽEMPER
PIDŽAMA
HALJINA
SANDALE
PREGAČA
JAKNA

38 - Méditation

M	I	R	A	N	D	B	Đ	D	J	T	S	S	T	Z	A
W	B	D	D	R	V	U	U	I	A	P	U	U	Z	H	J
A	Z	R	I	M	H	D	Z	S	S	U	O	L	S	F	A
V	P	Ž	P	P	A	A	Z	A	N	K	S	B	Z	P	Z
I	A	A	S	R	O	N	W	N	O	Z	J	R	A	U	G
T	Ž	N	M	Z	I	K	D	J	Ć	Đ	E	S	H	F	E
K	N	J	B	N	V	H	R	E	A	T	Ć	S	V	H	P
E	J	E	E	Đ	H	Đ	V	E	M	U	A	L	A	T	Z
P	A	D	O	R	I	R	P	A	T	S	N	C	L	Y	O
S	G	D	N	A	V	I	K	E	Ć	Đ	J	C	N	G	P
R	Y	L	V	I	Y	V	H	J	Đ	A	E	H	O	V	U
E	J	N	A	R	T	A	M	O	R	P	N	H	S	G	U
P	Z	Y	O	Z	T	I	Š	I	N	A	P	J	T	I	C
K	A	K	N	A	B	P	E	J	I	C	O	M	E	K	M
R	H	D	O	N	L	A	T	N	E	M	P	B	F	M	G
L	J	U	B	A	Z	N	O	S	T	N	B	Z	Y	R	J

PRIHVAĆANJE
PAŽNJA
MIRAN
JASNOĆA
SUOSJEĆANJE
EMOCIJE
BUDAN
LJUBAZNOST
ZAHVALNOST
NAVIKE
MENTALNO
POKRET
GLAZBA
PRIRODA
PROMATRANJE
MIR
PERSPEKTIVA
DRŽANJE
DISANJE
TIŠINA

39 - Littérature

B	P	O	Z	J	M	P	E	B	E	J	M	K	O	J	W
I	Đ	E	M	I	N	A	J	I	C	K	I	F	L	K	W
O	I	H	N	Đ	A	B	D	E	R	O	P	S	U	K	G
G	O	L	A	J	I	D	H	O	S	C	N	C	P	Z	Z
R	T	I	H	R	Z	Y	L	T	J	N	D	T	S	G	E
A	R	T	N	A	N	A	L	I	Z	A	I	V	R	I	L
F	A	S	U	A	T	O	D	G	E	N	A	Č	M	K	J
I	G	T	W	J	M	R	I	T	A	M	N	J	K	J	W
J	E	P	R	I	P	O	V	J	E	D	A	Č	F	I	P
A	D	N	E	G	H	R	R	K	N	I	M	M	F	W	J
R	I	N	Y	O	W	J	E	F	Đ	S	E	B	I	J	E
R	J	I	O	L	R	B	S	O	G	Đ	T	V	S	R	S
B	A	D	R	A	R	O	F	A	T	E	M	O	V	S	M
O	P	I	S	N	Đ	A	U	T	O	R	B	S	A	Z	A
V	V	L	K	A	Č	U	J	L	K	A	Z	M	T	Y	G
N	S	I	W	J	O	K	N	P	C	U	W	E	U	Z	T

ANALOGIJA
ANALIZA
ANEGDOTA
AUTOR
BIOGRAFIJA
USPOREDBA
ZAKLJUČAK
OPIS
DIJALOG
FIKCIJA
METAFORA
PRIPOVJEDAČ
PJESMA
PJESNIČKI
RIMA
ROMAN
RITAM
STIL
TEMA
TRAGEDIJA

40 - Nourriture #1

Č	S	J	S	Y	Đ	P	L	L	J	V	Y	N	S	C	O
E	J	E	U	K	M	D	D	U	A	H	G	J	U	H	A
Š	A	Č	C	I	M	E	T	O	K	E	J	I	L	M	K
N	G	A	M	R	K	V	A	P	E	R	Y	W	I	A	Š
J	O	M	N	Š	P	I	N	A	T	G	M	K	I	R	U
A	D	E	U	U	J	Š	E	Ć	E	R	E	H	Đ	B	R
K	A	O	M	V	T	A	P	K	U	S	S	E	A	S	K
U	T	J	I	L	H	U	Z	Z	S	R	O	P	R	O	L
S	A	M	L	H	C	Z	B	S	Z	E	U	E	W	K	F
E	L	Đ	S	O	L	N	B	I	W	I	F	S	J	A	U
O	A	R	F	N	A	J	J	Y	W	H	N	E	O	J	S
N	S	A	U	B	A	Y	G	I	O	C	R	A	C	L	I
Đ	J	P	N	K	I	R	Y	O	C	K	S	Z	A	I	J
Z	L	K	T	A	U	O	Y	E	M	R	I	F	C	S	D
A	L	O	V	V	V	S	B	B	B	G	K	T	M	O	W
I	F	O	O	A	W	I	P	D	U	M	N	L	I	B	R

ČEŠNJAK
BOSILJAK
KAVA
CIMET
MRKVA
LIMUN
ŠPINAT
JAGODA
SOK
MLIJEKO
REPA
LUK
JEČAM
KRUŠKA
SALATA
SOL
JUHA
ŠEĆER
TUNA
MESO

41 - Jours et Mois

U	G	P	O	N	E	D	J	E	L	J	A	K	S	O	I
S	T	B	U	T	R	K	N	P	E	T	A	K	T	Ž	L
I	K	O	D	S	F	P	A	W	K	C	E	K	U	U	O
J	M	U	R	R	Z	E	P	Z	D	N	U	J	D	J	D
E	R	T	A	A	N	T	R	Y	T	E	R	A	E	A	V
Č	Y	O	D	T	K	N	S	F	S	Đ	R	C	N	K	E
A	H	U	N	N	O	T	F	H	V	R	A	A	I	T	L
N	J	N	E	Č	E	T	V	R	T	A	K	S	T	J	J
J	R	O	L	N	E	S	Y	Y	M	Z	K	K	O	E	A
M	S	K	A	L	I	P	A	N	J	O	F	V	A	D	Č
N	J	R	K	C	N	P	T	R	A	V	A	N	J	A	A
W	F	E	I	R	I	Y	E	O	U	O	F	A	E	N	R
L	U	Y	S	J	Y	H	J	A	J	L	E	J	D	E	N
K	R	I	C	E	E	C	R	V	N	O	H	U	G	I	A
P	H	V	N	H	C	D	M	R	Y	K	I	R	O	Y	A
S	U	B	O	T	A	D	A	P	O	T	S	I	L	V	O

KOLOVOZ
TRAVANJ
KALENDAR
NEDJELJA
VELJAČA
SIJEČANJ
ČETVRTAK
SRPANJ
LIPANJ
PONEDJELJAK

UTORAK
OŽUJAK
SRIJEDA
MJESEC
STUDENI
LISTOPAD
SUBOTA
TJEDAN
RUJAN
PETAK

42 - Jardinage

C	V	I	J	E	T	S	I	L	L	N	K	C	V	R	J
Đ	W	T	N	Z	Z	A	W	A	O	O	O	V	J	E	T
W	I	N	T	L	O	B	U	K	E	T	N	J	I	G	W
K	E	L	Z	W	F	Y	A	A	M	Đ	T	E	P	Z	E
V	Ć	F	J	A	N	A	C	V	D	K	E	T	R	O	A
O	Š	M	S	D	A	S	O	L	T	R	J	N	L	T	V
V	I	J	S	E	Z	O	N	S	K	I	N	I	J	I	S
I	L	V	O	D	A	M	I	L	K	K	E	I	A	Č	C
T	F	A	Y	N	I	T	V	F	R	Č	R	S	V	N	I
S	J	H	G	B	U	S	S	J	Đ	I	Đ	J	Š	O	O
E	A	J	C	A	K	O	N	R	J	N	S	E	T	V	F
J	F	Z	R	O	J	P	S	Z	V	A	P	M	I	E	M
V	E	K	D	A	E	M	P	L	N	T	C	E	N	J	H
J	E	H	F	V	I	O	I	Y	J	O	K	N	A	I	G
O	F	B	J	J	S	K	V	F	V	B	T	K	I	R	R
V	O	Ć	N	J	A	K	O	P	C	G	Y	E	Y	C	E

BOTANIČKI
BUKET
KLIMA
JESTIVO
KOMPOST
VODA
VRSTA
EGZOTIČNO
LIŠĆE
LIST

CVIJET
CVJETNI
SJEMENKE
VLAGA
KONTEJNER
SEZONSKI
PRLJAVŠTINA
TLO
CRIJEVO
VOĆNJAK

43 - Entreprise

A	A	I	O	Đ	P	K	F	N	C	K	V	A	I	T	O
T	F	Y	L	S	R	A	I	Đ	E	H	Z	J	C	R	W
U	D	Y	V	P	O	R	N	G	E	W	A	I	P	O	W
L	L	S	R	W	D	I	A	B	O	R	P	C	O	Š	B
A	V	A	U	W	A	J	N	Z	T	P	O	K	R	A	A
V	I	C	G	K	J	E	C	K	R	E	S	A	E	K	E
C	N	I	E	A	A	R	I	M	N	Y	L	S	Z	Y	C
A	U	N	C	K	N	A	J	O	O	Đ	E	N	I	D	V
V	Č	R	I	E	O	J	E	H	V	U	N	A	G	P	O
A	A	O	W	Z	Z	N	E	V	A	F	I	R	B	N	G
D	R	V	L	U	T	U	O	F	C	C	K	T	L	L	D
O	O	T	D	U	Ć	A	N	M	C	S	E	V	Y	T	R
L	R	B	V	A	Đ	Y	D	U	I	J	Đ	R	M	U	D
S	P	Đ	I	I	S	D	S	R	H	J	H	T	U	M	S
O	T	I	I	T	W	S	B	E	Đ	V	A	K	Đ	M	C
P	O	P	R	I	H	O	D	D	C	M	L	A	V	U	B

NOVAC
DUĆAN
PRORAČUN
URED
KARIJERA
TROŠAK
VALUTA
POSLODAVAC
ZAPOSLENIK
TVRTKA
EKONOMIJA
FINANCIJE
POREZI
ULAGANJE
ROBA
DOBIT
PRIHOD
TRANSAKCIJA
TVORNICA
PRODAJA

44 - Activités

P	J	Đ	S	D	T	U	K	Đ	V	K	W	K	Đ	H	P
P	I	L	B	D	V	U	W	J	J	A	K	I	L	S	J
A	J	I	G	A	M	H	S	N	E	M	V	S	H	P	E
I	B	G	S	C	W	W	N	B	Š	P	F	E	K	F	Š
E	R	R	Y	Y	V	A	B	S	T	I	D	R	F	D	A
D	H	E	J	N	A	V	I	Š	I	R	R	E	O	J	Č
B	T	R	B	O	E	P	W	G	N	A	G	T	T	K	E
J	S	S	R	Đ	P	D	L	V	A	N	Y	N	O	Đ	N
I	O	G	C	E	Y	D	P	E	W	J	J	I	G	D	J
O	N	D	Đ	I	Z	J	F	C	S	E	P	Č	R	P	E
O	V	T	S	R	A	L	T	R	V	O	L	I	A	R	S
Đ	I	U	M	J	E	T	N	O	S	T	T	T	F	Y	N
N	T	R	I	B	A	R	S	T	V	O	Y	A	I	T	G
E	K	K	E	R	A	M	I	K	A	C	L	N	J	R	B
Z	A	D	O	V	O	L	J	S	T	V	O	J	A	A	U
O	P	U	Š	T	A	N	J	E	M	J	H	E	V	B	J

AKTIVNOST
UMJETNOST
OBRT
KAMPIRANJE
KERAMIKA
LOV
VJEŠTINA
ŠIVANJE
PLES
INTERESI
VRTLARSTVO
IGRE
ČITANJE
MAGIJA
SLIKA
RIBARSTVO
FOTOGRAFIJA
ZADOVOLJSTVO
PJEŠAČENJE
OPUŠTANJE

45 - Fleurs

M	P	D	B	D	B	Z	W	Z	Đ	F	T	L	K	T	L
G	A	B	Z	W	U	B	E	F	F	A	B	I	T	J	A
V	A	S	F	A	K	A	M	H	F	J	E	L	B	J	T
V	R	R	L	V	E	H	S	J	V	I	N	A	H	Đ	I
A	P	T	D	A	T	B	O	Ž	U	R	T	J	E	J	C
N	A	P	M	E	Č	A	N	I	L	E	T	E	J	D	A
L	L	C	E	N	N	A	Z	W	J	M	C	D	D	Đ	O
N	A	M	O	Đ	D	I	K	Đ	Z	U	J	I	E	M	O
Đ	H	V	E	F	M	K	J	V	B	L	L	H	D	I	N
C	M	Đ	A	Y	T	P	Y	A	S	P	L	R	Đ	G	H
A	C	N	C	N	N	A	R	C	I	S	L	O	E	L	C
Y	M	W	F	I	D	Z	S	U	N	C	O	K	R	E	T
A	L	P	F	M	T	A	T	U	L	I	P	A	N	M	R
H	I	B	I	S	K	U	S	L	T	I	P	L	U	W	U
D	T	E	A	A	F	Y	V	L	J	I	L	J	A	N	Ž
F	D	E	C	J	M	M	A	G	N	O	L	I	J	A	A

BUKET
GARDENIJA
HIBISKUS
JASMIN
NARCIS
LAVANDA
LILA
LJILJAN
MAGNOLIJA
ORHIDEJA
MAK
LATICA
MASLAČAK
BOŽUR
PLUMERIJA
RUŽA
SUNCOKRET
DJETELINA
TULIPAN

46 - Nourriture #2

Č	O	K	O	L	A	D	A	W	L	A	F	W	A	Y	M
V	B	U	Z	Đ	K	H	J	M	C	I	P	D	V	N	C
I	E	H	W	Đ	O	N	Z	A	P	W	G	A	B	H	P
M	I	A	P	M	U	W	P	I	L	E	T	I	N	A	A
E	G	T	C	A	I	O	P	B	V	J	P	W	U	M	T
V	B	R	V	N	A	J	Š	Đ	S	A	K	J	Z	B	L
K	I	V	I	G	I	N	E	J	H	J	K	A	H	O	I
D	H	J	Đ	O	G	C	N	T	Đ	Z	T	B	Z	A	D
G	L	J	I	V	A	E	I	B	R	F	H	U	R	K	Ž
R	I	Ž	A	B	M	L	C	B	A	E	G	K	R	V	A
G	R	O	Ž	Đ	E	E	A	O	R	N	Š	A	C	Y	N
P	R	I	B	A	D	R	V	T	L	O	A	N	J	J	Đ
U	T	Y	D	F	A	J	J	P	I	S	K	N	J	W	C
O	Đ	B	J	Đ	B	F	Đ	G	B	T	N	U	A	A	T
R	A	J	Č	I	C	A	W	W	G	H	U	F	L	D	I
T	M	A	A	C	U	Z	J	K	B	N	Š	I	E	A	I

BADEM
PATLIDŽAN
BANANA
PŠENICA
BROKULA
TREŠNJA
CELER
GLJIVA
ČOKOLADA
ŠUNKA
KIVI
MANGO
JAJE
KRUH
RIBA
JABUKA
PILETINA
GROŽĐE
RIŽA
RAJČICA

47 - Algèbre

L	I	N	E	A	R	N	I	K	U	I	V	T	F	B	E
Y	S	J	Y	M	O	Y	C	O	V	A	R	V	O	E	K
L	R	W	T	U	T	B	V	L	N	B	G	C	R	S	S
U	R	U	G	S	K	S	E	I	A	Ž	U	T	M	K	P
B	R	O	J	J	A	Đ	Đ	Č	R	D	A	J	U	O	O
N	K	C	W	S	F	W	M	I	W	A	L	L	L	N	N
F	R	A	K	C	I	J	A	N	J	N	U	K	A	A	E
D	J	F	D	H	M	P	Z	A	H	D	N	Đ	Z	Č	N
U	I	E	Y	Z	P	J	F	A	H	E	J	N	Đ	N	T
M	P	J	O	E	U	T	N	Đ	G	J	O	L	C	O	D
E	J	N	A	M	I	Z	U	D	O	R	B	H	W	Z	V
L	L	E	C	G	V	R	Z	D	A	I	A	D	E	E	D
B	R	Š	N	E	R	J	T	K	K	U	W	D	W	B	G
O	J	E	T	N	A	A	L	B	A	J	I	R	A	V	K
R	O	J	I	U	G	S	M	I	M	A	T	R	I	C	A
P	Y	R	G	R	A	F	I	K	O	N	O	H	I	F	O

DIJAGRAM
EKSPONENT
JEDNADŽBA
FAKTOR
LAŽNO
FORMULA
FRAKCIJA
GRAFIKON
BESKONAČNO
LINEARNI
MATRICA
BROJ
ZAGRADA
PROBLEM
KOLIČINA
RJEŠENJE
SUMA
ODUZIMANJE
VARIJABLA
NULA

48 - Océan

O	K	Z	F	S	M	R	P	E	V	N	G	E	A	Š	K
T	L	O	S	J	O	O	D	R	I	Y	R	F	Đ	K	O
D	H	U	D	K	F	V	R	B	W	U	E	R	G	A	R
M	C	I	J	L	A	M	Z	S	R	A	B	A	D	M	N
Đ	E	I	A	A	R	Đ	S	O	K	T	E	O	U	P	J
C	C	O	K	D	G	T	U	N	A	I	N	N	H	I	A
L	R	H	O	B	O	T	N	I	C	A	P	U	Đ	F	Č
N	M	D	G	N	T	R	M	L	F	C	A	A	W	I	A
Đ	D	U	A	C	I	N	E	M	A	K	A	R	S	Č	G
D	E	M	B	M	L	P	D	A	O	M	W	D	T	A	V
K	I	T	I	A	J	L	U	G	E	J	V	J	N	M	I
L	J	H	R	K	O	D	Z	D	G	V	F	F	K	A	Y
S	P	U	Ž	V	A	H	A	J	L	A	R	O	K	C	S
W	Z	Y	J	N	Đ	W	R	L	A	V	A	L	O	V	I
T	V	K	M	F	J	S	R	E	R	U	U	B	J	C	F
P	Y	M	D	D	E	K	J	A	A	Đ	I	F	Y	B	S

ALGE
JEGULJA
KIT
ČAMAC
KORALJA
RAK
ŠKAMPI
DUPIN
SPUŽVA
KAMENICA
MEDUZA
RIBA
HOBOTNICA
MORSKI PAS
GREBEN
SOL
OLUJA
TUNA
KORNJAČA
VALOVI

49 - Antiquités

O	L	J	S	P	S	H	E	I	U	W	Y	Z	O	U	U
B	D	A	H	Đ	V	U	H	W	J	N	S	E	S	C	M
N	A	T	N	A	G	E	L	E	C	I	N	A	V	O	K
O	A	Š	C	R	B	J	T	G	A	V	M	B	Y	E	P
V	U	E	I	U	T	D	S	H	M	Y	F	V	Y	G	N
A	K	J	J	T	C	B	O	N	Č	I	B	O	E	N	F
B	C	M	E	P	L	O	N	Č	I	T	N	E	T	U	A
U	I	A	N	L	P	I	D	A	J	I	R	E	L	A	G
T	J	N	A	U	M	J	E	T	N	O	S	T	K	H	B
S	A	N	A	K	I	T	J	E	S	N	G	U	N	E	P
Z	T	T	R	S	N	D	I	T	T	S	S	E	T	I	Y
L	J	I	E	T	E	F	R	I	A	A	D	E	A	Z	K
J	R	Y	L	R	Đ	J	V	L	R	R	S	L	I	K	E
S	T	O	L	J	E	Ć	E	A	L	K	L	K	K	T	J
U	L	A	G	A	N	J	E	V	M	U	J	C	V	Y	V
N	V	J	J	U	U	D	L	K	W	S	H	W	O	N	U

UMJETNOST
AUTENTIČNO
NAKIT
UKRASNO
AUKCIJA
ELEGANTAN
GALERIJA
NEOBIČNO
ULAGANJE
NAMJEŠTAJ
SLIKE
KOVANICE
CIJENA
KVALITETA
OBNOVA
SKULPTURA
STOLJEĆE
STIL
VRIJEDNOST
STAR

50 - Réchauffement Climatique

P	A	Z	C	D	Đ	A	J	I	R	T	S	U	D	N	I
G	A	D	A	S	Y	A	M	I	Z	P	T	Z	W	G	B
E	M	Ž	A	R	K	T	I	K	K	C	A	Z	I	R	K
N	I	R	N	I	L	P	N	I	J	Š	N	W	C	E	V
E	L	Đ	R	J	R	E	D	N	F	F	O	L	T	D	L
R	K	K	D	H	A	K	O	E	D	L	V	L	S	V	A
A	Đ	N	E	H	J	R	R	V	O	F	N	Đ	O	L	D
C	H	A	T	Š	I	N	A	T	S	J	I	G	N	K	A
I	Y	N	H	G	G	S	N	S	Z	U	Š	C	Ć	G	E
J	P	M	P	W	R	N	U	N	R	P	T	S	U	K	L
E	D	O	S	K	E	P	Đ	A	Y	V	V	W	D	T	J
O	N	E	D	H	N	D	E	N	N	K	O	L	U	R	O
A	E	S	Đ	A	E	Z	M	Z	L	L	C	L	B	G	A
C	P	C	A	V	C	V	L	G	O	R	A	Z	V	O	J
G	F	V	S	E	D	I	I	E	Z	F	I	H	W	K	A
Z	A	K	O	N	O	D	A	V	S	T	V	O	K	P	P

ARKTIK
PAŽNJA
KLIMA
KRIZA
RAZVOJ
PODACI
EKOLOŠKI
ENERGIJA
BUDUĆNOST
PLIN
GENERACIJE
VLADA
STANIŠTA
INDUSTRIJA
MEĐUNARODNI
ZAKONODAVSTVO
SADA
STANOVNIŠTVO
ZNANSTVENIK

51 - Ballet

Z	S	L	P	M	I	Š	I	Ć	I	U	C	J	Đ	G	G
O	V	M	P	U	A	G	E	S	T	A	Y	H	R	L	R
U	A	S	C	R	B	O	R	K	E	S	T	A	R	A	A
U	U	N	O	I	O	L	O	S	L	M	V	Y	O	Z	C
B	M	A	H	T	R	I	I	Č	A	S	E	L	P	B	I
A	Z	J	T	A	P	T	P	K	D	J	G	F	Đ	A	O
L	A	A	E	M	I	S	E	L	A	J	B	J	Y	F	Z
E	N	Ž	T	T	I	A	W	S	J	D	O	L	R	V	A
R	N	A	I	F	N	K	H	V	K	E	Y	E	Y	J	N
I	T	R	Z	P	P	I	T	G	E	K	S	T	F	E	N
N	U	Z	N	L	D	N	Č	J	W	F	Đ	A	S	Š	E
A	S	I	E	V	B	H	T	K	G	K	B	D	K	T	F
H	L	A	T	C	O	E	B	F	I	W	W	A	Z	I	I
P	W	J	N	G	B	T	Đ	V	F	A	U	L	J	N	B
U	E	F	I	Z	H	J	A	U	S	L	Đ	K	D	A	E
K	O	R	E	O	G	R	A	F	I	J	A	S	D	P	E

PLJESAK
UMJETNIČKI
BALERINA
KOREOGRAFIJA
VJEŠTINA
SKLADATELJ
PLESAČI
IZRAŽAJAN
GESTA
GRACIOZAN
INTENZITET
MIŠIĆI
GLAZBA
ORKESTAR
PUBLIKA
PROBA
RITAM
SOLO
STIL
TEHNIKA

52 - Fruit

S	B	Z	S	B	G	Đ	R	H	Z	M	O	Y	A	T	B
N	R	I	J	M	C	F	Y	H	A	Y	K	E	V	N	A
O	T	B	T	Y	O	G	N	A	M	E	R	R	O	A	N
T	Đ	F	B	M	G	K	J	P	I	G	U	M	K	P	A
N	V	H	U	O	N	A	V	I	J	L	Š	A	A	B	N
A	C	I	L	E	R	A	M	A	N	H	K	L	D	O	A
V	N	P	I	H	T	D	I	N	J	A	A	I	O	B	J
K	U	A	A	S	B	N	V	M	M	K	V	N	H	I	N
S	M	E	N	P	Đ	Z	I	Z	H	U	A	A	H	C	Š
E	I	Đ	W	A	A	A	K	S	F	B	U	G	I	A	E
R	L	Ž	O	O	S	J	L	D	P	A	G	G	S	A	R
B	J	O	S	O	Đ	U	A	F	S	J	N	Y	G	V	T
N	A	R	A	N	Č	A	S	A	O	D	E	R	C	B	P
O	H	G	J	B	L	T	B	C	N	R	Đ	W	W	M	Đ
E	G	H	Y	I	B	F	A	F	B	M	I	Y	G	T	O
B	K	Đ	Z	D	H	Z	S	D	I	R	Y	L	F	N	M

MARELICA
ANANAS
AVOKADO
BOBICA
BANANA
TREŠNJA
LIMUN
SMOKVA
MALINA
GUAVA
KIVI
MANGO
DINJA
NARANČA
PAPAJA
BRESKVA
KRUŠKA
JABUKA
ŠLJIVA
GROŽĐE

53 - Musique

L	H	D	L	P	U	G	L	A	Z	B	E	N	I	K	L
B	Z	D	T	J	G	Đ	T	R	Đ	B	T	E	M	P	O
A	E	Z	L	E	O	T	N	E	M	U	R	T	S	N	I
L	M	U	U	S	H	P	K	P	S	V	F	G	O	U	N
B	Z	Đ	V	N	V	I	J	O	I	K	S	R	I	L	L
U	C	J	M	I	R	N	T	E	P	I	L	F	V	I	A
M	E	E	Z	Č	L	Z	Đ	J	V	T	S	A	I	F	K
K	U	Y	G	K	R	K	Y	N	S	A	Y	L	D	W	O
V	L	N	J	I	F	W	N	A	A	D	T	K	T	V	V
S	Č	A	V	E	J	P	O	M	M	A	T	I	R	P	V
Y	G	Č	S	T	D	Đ	F	I	D	L	N	Z	C	D	K
H	H	I	C	I	K	J	O	N	T	A	J	U	F	A	I
T	K	M	V	U	Č	Y	R	S	F	B	H	J	B	Z	J
L	L	T	F	I	V	N	K	K	F	M	F	M	Z	C	T
D	Đ	I	T	P	L	D	I	M	E	L	O	D	I	J	A
J	W	R	D	H	A	R	M	O	N	I	J	S	K	I	J

ALBUM
BALADA
PJEVATI
PJEVAČ
KLASIČNI
SNIMANJE
SKLAD
HARMONIJSKI
INSTRUMENT
LIRSKI
MELODIJA
MIKROFON
MJUZIKL
GLAZBENIK
OPERA
PJESNIČKI
RITAM
RITMIČAN
TEMPO
VOKALNI

54 - Météo

A	T	M	O	S	F	E	R	A	Š	U	S	R	I	P	G
L	P	L	H	H	F	V	B	G	Y	A	Đ	L	E	V	R
N	I	O	M	Đ	O	R	W	U	F	M	T	C	P	N	P
E	D	G	P	A	L	E	Z	D	M	B	O	Z	K	O	B
B	M	C	O	L	G	U	E	M	A	I	K	G	M	B	I
O	W	Y	N	K	A	L	F	O	E	Z	O	B	L	A	K
R	L	S	A	L	E	V	A	Đ	P	E	H	I	P	R	S
O	W	W	N	I	F	N	A	G	A	R	U	V	O	U	P
O	K	G	I	M	F	T	K	J	B	G	S	J	V	T	O
T	L	B	V	A	P	T	P	S	A	S	K	E	J	A	R
O	B	U	A	Z	I	C	O	Y	O	M	H	T	E	R	T
R	Y	A	J	P	P	R	L	Y	V	Z	N	A	T	E	I
N	W	O	L	A	W	N	A	Đ	I	O	F	R	A	P	Đ
A	V	K	M	E	A	J	R	G	M	Y	P	I	R	M	K
D	E	L	R	W	J	Z	N	U	S	N	O	M	A	E	U
O	Z	K	G	F	K	I	I	G	M	G	C	I	C	T	T

DUGA
ATMOSFERA
POVJETARAC
MAGLA
NEBO
KLIMA
LED
POPLAVA
MONSUN
OBLAK
URAGAN
POLARNI
SUHO
SUŠA
TEMPERATURA
OLUJA
GRMLJAVINA
TORNADO
TROPSKI
VJETAR

55 - L'Entreprise

I	C	P	U	O	B	M	A	C	P	N	A	Đ	U	R	G
O	Z	G	R	R	H	K	A	D	E	R	P	A	N	E	L
I	D	T	S	O	N	Ć	U	G	O	M	I	Đ	U	I	O
K	E	L	H	I	I	O	S	Đ	U	G	S	H	T	V	B
A	L	J	U	I	G	Z	A	U	H	U	R	D	O	O	A
J	G	I	D	K	V	N	V	D	H	R	U	I	Đ	D	L
I	U	Y	E	Ć	A	L	P	O	Z	R	S	F	K	N	N
R	I	Z	I	C	I	A	K	J	D	J	E	L	R	E	O
T	A	J	I	C	A	T	N	E	Z	E	R	P	E	R	J
S	T	A	G	Y	O	E	J	J	N	O	I	L	A	T	E
U	U	V	P	W	U	T	G	N	I	P	E	F	T	L	D
D	P	A	N	A	V	I	T	A	V	O	N	I	I	Z	I
N	I	P	Đ	A	V	L	P	G	P	D	I	J	V	F	N
I	H	I	F	C	N	A	Y	A	W	B	N	D	N	W	I
B	K	E	J	N	A	V	O	L	S	O	P	Y	I	U	C
L	F	Y	Z	Y	F	K	Y	U	Đ	H	Đ	B	V	K	E

POSLOVANJE
KREATIVNI
ODLUKA
GLOBALNO
INDUSTRIJA
INOVATIVAN
ULAGANJE
MOGUĆNOST
PREZENTACIJA
PROIZVOD
NAPREDAK
KVALITETA
RESURSI
PRIHOD
UGLED
RIZICI
PLAĆE
TRENDOVI
JEDINICE

56 - Gouvernement

D	Y	H	J	K	G	Z	W	Đ	H	K	K	U	A	Z	D
E	R	G	K	G	P	A	D	V	A	R	P	K	O	Đ	R
Y	V	Ž	Y	K	T	K	K	C	Y	E	Đ	N	B	G	Ž
Y	Z	Y	A	F	S	O	H	I	K	S	D	U	S	L	A
K	O	S	V	V	D	N	E	V	T	Y	E	U	B	V	V
R	I	K	S	N	A	Đ	A	R	G	I	F	A	D	J	L
D	E	M	O	K	R	A	C	I	J	A	L	D	A	E	J
O	K	R	U	G	D	V	J	A	E	T	Đ	O	S	D	A
S	U	S	T	A	V	A	I	H	O	P	U	B	P	N	N
Z	P	D	P	M	L	R	J	N	D	F	Y	O	S	A	S
M	B	O	W	Đ	E	P	F	M	K	T	W	L	I	K	T
M	F	M	M	N	S	S	P	R	A	V	A	S	M	O	V
S	E	V	W	E	I	A	G	O	V	O	R	P	B	S	O
R	T	R	N	O	N	R	I	M	C	P	N	G	O	T	W
N	A	R	O	D	E	I	Y	M	D	I	J	L	L	V	R
L	U	Z	I	J	R	A	K	S	I	K	O	W	A	F	B

DRŽAVLJANSTVO
GRAĐANSKI
USTAV
DEMOKRACIJA
GOVOR
RASPRAVA
OKRUG
PRAVA
JEDNAKOST
DRŽAVA
SUDSKI
PRAVDA
SLOBODA
ZAKON
SPOMENIK
NAROD
MIRNO
POLITIKA
SIMBOL

57 - Randonnée

Đ	W	C	S	Y	D	E	P	L	I	T	I	C	A	R	O
O	N	U	G	E	I	D	R	U	P	B	M	F	Y	Y	R
P	N	O	A	Č	V	C	I	V	O	K	R	A	P	D	I
A	D	O	V	I	L	U	R	V	W	Đ	P	T	V	W	J
S	N	E	W	Z	J	Z	O	F	O	K	A	R	J	Y	E
N	T	J	W	M	I	D	D	Y	A	D	N	A	E	Đ	N
O	N	N	J	E	M	W	A	N	F	Z	I	K	J	T	T
S	P	A	K	Z	K	Y	C	T	V	B	N	Č	N	T	A
T	A	R	G	K	A	H	R	L	Đ	K	A	S	I	E	C
I	T	I	I	P	G	A	S	O	O	I	L	G	T	Š	I
N	R	P	A	P	D	D	J	C	U	I	P	N	O	K	J
K	F	M	Z	V	R	E	J	N	E	M	A	K	V	A	A
L	M	A	U	L	Đ	E	K	W	C	Y	O	K	I	U	C
I	R	K	C	Đ	G	M	M	E	N	A	R	R	Ž	H	Z
M	V	R	I	J	E	M	E	A	U	Z	J	Y	N	T	A
A	W	P	L	Y	O	P	N	S	S	T	Z	G	A	I	I

ŽIVOTINJE
ČIZME
KAMPIRANJE
KARTA
KLIMA
OPASNOSTI
VODA
LITICA
UMORNI
VODIČI
TEŠKA
VRIJEME
PLANINA
PRIRODA
ORIJENTACIJA
PARKOVI
KAMENJE
PRIPREMA
DIVLJI
SUNCE

58 - Nutrition

V	T	D	U	Z	C	E	G	Z	R	Y	O	K	U	S	U
I	E	N	H	G	T	E	T	O	A	T	E	J	I	D	R
T	K	W	C	W	Đ	I	V	L	R	Č	Z	Đ	C	L	A
A	U	P	L	K	Z	N	W	R	O	A	I	D	E	H	V
M	Ć	M	S	A	S	T	O	J	C	I	K	N	B	F	N
I	I	V	J	M	Z	N	I	S	K	O	T	M	I	U	O
N	N	W	W	U	T	O	N	T	Y	L	F	A	Z	A	T
L	E	E	A	W	U	Đ	I	I	E	J	N	E	R	V	E
T	E	Ž	I	N	A	Z	E	E	W	P	D	U	S	A	Ž
P	M	J	Y	S	L	D	T	M	N	F	A	F	R	B	E
N	Y	Y	W	E	I	R	O	V	I	T	S	E	J	O	N
L	V	E	J	L	V	A	R	D	Z	E	Đ	D	F	R	I
E	Đ	B	G	L	F	V	P	B	T	L	J	B	L	P	G
K	V	A	L	I	T	E	T	A	O	D	Y	P	H	K	Đ
K	U	W	H	Y	D	P	M	E	O	R	Z	D	M	E	R
K	Z	D	K	A	L	O	R	I	J	E	A	I	M	G	E

GORAK
APETIT
KALORIJE
JESTIVO
DIJETA
PROBAVA
ZAČINI
URAVNOTEŽEN
VRENJE
SASTOJCI
TEKUĆINE
TEŽINA
PROTEINI
KVALITETA
ZDRAV
ZDRAVLJE
UMAK
OKUS
TOKSIN
VITAMIN

59 - Créativité

I	M	H	M	Đ	A	A	C	O	D	G	Y	O	P	E	U
Z	N	A	N	E	N	Z	O	Y	R	V	T	T	A	M	M
Đ	T	T	Š	Z	E	T	B	I	A	M	E	S	K	O	J
I	M	R	U	T	G	Y	V	D	M	K	T	O	A	C	E
N	P	U	V	I	A	H	O	E	A	Z	I	N	E	I	T
C	N	A	E	J	C	E	M	J	T	L	Z	L	L	J	N
C	T	Đ	I	F	G	I	A	E	I	P	N	A	S	E	I
J	A	S	N	O	Ć	A	J	Z	Č	Đ	E	T	V	J	Č
S	P	O	N	T	A	N	O	A	A	E	T	I	J	I	K
O	S	J	E	Ć	A	J	D	R	N	B	N	V	E	Z	I
V	J	D	C	Z	Z	A	E	Z	A	M	I	E	Š	I	U
P	Z	A	J	I	C	A	R	I	P	S	N	I	T	V	V
A	U	T	E	N	T	I	Č	N	O	S	T	G	I	C	O
F	L	U	I	D	N	O	S	T	T	K	Đ	L	N	L	U
I	N	V	E	N	T	I	V	N	I	L	B	T	A	K	S
G	A	C	F	O	K	O	H	A	E	S	J	W	E	N	K

UMJETNIČKI
AUTENTIČNOST
JASNOĆA
VJEŠTINA
DRAMATIČAN
IZRAZ
EMOCIJE
FLUIDNOST
IDEJE
SLIKA
MAŠTA
DOJAM
INSPIRACIJA
INTENZITET
INTUICIJA
INVENTIVNI
OSJEĆAJ
SPONTANO
VIZIJE
VITALNOST

60 - Science Fiction

P	L	A	N	E	T	A	S	Z	R	E	A	L	N	O	P
G	K	J	L	P	A	Z	V	A	J	I	P	O	T	U	R
Y	A	L	R	Z	M	T	I	M	R	P	Y	M	I	Y	O
F	T	L	I	O	O	L	J	I	K	O	H	C	K	S	R
A	S	G	A	R	D	G	E	Š	N	I	B	Z	Č	Z	O
J	O	G	F	K	C	O	T	L	L	J	N	O	I	A	Č
I	N	E	V	T	S	N	A	J	A	T	A	O	T	J	I
G	J	T	S	V	N	I	D	E	Y	U	Č	V	S	I	Š
O	A	Z	U	E	G	I	J	N	K	I	I	L	I	Z	T
L	R	P	U	A	V	K	I	A	M	Y	T	N	R	O	E
O	K	L	S	Z	G	S	R	T	M	V	S	P	U	L	F
N	A	F	R	B	Z	M	A	U	B	A	A	L	T	P	H
H	T	K	Đ	C	T	O	N	T	Đ	T	T	G	U	S	E
E	K	C	W	F	R	T	E	M	Đ	R	N	A	F	K	Y
T	V	M	F	T	Đ	A	C	S	S	A	A	Z	J	E	M
I	L	U	Z	I	J	A	S	N	R	U	F	C	V	V	T

ATOMSKI
KINO
EKSPLOZIJA
KRAJNOST
FANTASTIČAN
VATRA
FUTURISTIČKI
GALAKSIJA
ILUZIJA
ZAMIŠLJEN
KNJIGE
SVIJET
TAJANSTVENI
PROROČIŠTE
PLANETA
REALNO
ROBOTI
SCENARIJ
TEHNOLOGIJA
UTOPIJA

61 - Professions #1

Z	O	G	E	O	L	O	G	B	O	G	T	K	A	P	F
L	N	D	S	S	E	Đ	Y	A	Z	L	Z	A	M	S	G
Z	C	A	V	O	L	N	A	N	S	A	L	R	B	Đ	S
D	L	Đ	N	J	U	N	F	K	S	Z	S	T	A	F	Đ
G	D	A	F	S	E	Đ	R	A	R	B	K	O	S	M	W
P	L	R	T	J	T	T	E	R	O	E	R	G	A	B	Z
J	P	A	D	A	D	V	N	S	R	N	C	R	D	N	L
A	N	N	A	P	R	S	E	I	V	I	Y	A	O	O	Y
C	L	I	G	G	O	S	R	N	K	K	K	F	R	C	C
I	L	R	Đ	O	T	Đ	T	K	I	N	Č	E	J	I	L
Č	Y	E	J	L	K	N	M	K	Z	K	M	D	D	R	J
A	S	T	R	O	N	O	M	U	M	J	E	T	N	I	K
S	U	E	J	H	R	A	Č	U	N	O	V	O	Đ	A	T
E	D	V	K	I	N	D	E	R	U	R	F	A	U	R	S
L	J	D	T	S	I	N	A	J	I	P	H	S	R	R	B
P	U	T	P	P	V	A	T	R	O	G	A	S	A	C	M

AMBASADOR
UMJETNIK
ASTRONOM
ODVJETNIK
BANKAR
ZLATAR
KARTOGRAF
LOVAC
RAČUNOVOĐA
PLESAČICA
TRENER
UREDNIK
GEOLOG
LIJEČNIK
GLAZBENIK
PIJANIST
VATROGASAC
PSIHOLOG
ZNANSTVENIK
VETERINAR

62 - Géologie

F	K	B	S	Y	Đ	T	Y	T	A	T	H	I	I	P	A
O	R	G	S	T	O	F	C	W	D	R	C	S	E	J	K
S	I	F	E	K	B	Đ	G	D	G	W	A	R	U	Y	V
I	S	E	F	J	A	J	L	A	R	O	K	G	F	C	A
L	T	A	N	O	Z	L	Z	E	R	O	Z	I	J	A	R
K	A	V	A	L	S	I	C	R	C	J	L	H	R	N	C
A	L	Y	Y	S	F	J	R	I	N	B	I	J	A	I	K
M	I	L	A	R	E	N	I	M	J	F	R	D	S	L	O
E	S	B	T	S	T	A	L	A	K	T	I	T	T	E	N
N	A	N	R	E	V	A	K	J	I	B	V	L	O	S	T
P	G	B	I	Z	A	U	O	O	U	D	B	C	P	I	I
P	L	A	T	O	G	A	L	T	Z	W	D	W	L	K	N
V	Z	E	S	M	S	T	A	K	S	V	Z	O	J	I	E
Đ	D	T	Y	S	H	O	F	V	A	Y	U	J	E	W	N
H	U	D	V	U	V	H	V	P	J	N	C	S	N	N	T
H	D	Y	W	T	A	P	R	Y	W	Đ	T	J	T	R	O

KISELINA
KALCIJ
KAVERNA
KONTINENT
KORALJA
SLOJ
KRISTALI
EROZIJA
RASTOPLJEN
FOSIL

GEJZIR
LAVA
MINERALI
KAMEN
PLATO
KVARC
SOL
STALAKTIT
VULKAN
ZONA

63 - Jardin

S	L	V	B	Y	H	T	J	G	M	V	O	V	V	Đ	V
S	A	G	T	A	Ć	E	S	I	V	N	J	Z	K	B	R
H	G	Z	C	I	L	R	K	L	I	A	F	H	F	U	J
K	V	L	O	V	D	A	P	U	L	K	V	V	V	O	K
N	W	I	H	S	F	S	B	E	D	O	T	V	R	V	O
F	Z	V	G	T	V	A	G	A	Đ	E	P	E	S	T	R
C	D	I	S	V	R	K	H	M	U	A	D	A	R	G	O
G	J	J	D	N	J	A	Ž	A	R	A	G	N	T	O	V
J	J	V	L	V	G	J	M	R	G	L	O	M	R	A	R
D	Y	A	O	I	K	N	O	P	U	Z	T	D	O	V	V
T	L	O	Z	P	A	Ć	P	D	O	V	E	J	I	R	C
S	S	L	A	Z	J	O	V	R	D	L	J	O	T	T	Y
I	W	K	A	J	N	V	A	R	T	M	I	L	R	R	S
S	F	O	R	U	B	C	U	V	M	Z	V	N	A	J	V
D	Đ	B	V	K	I	T	K	T	B	C	C	M	V	A	E
T	S	J	E	K	R	G	R	A	B	L	J	E	A	F	L

DRVO
KLUPA
GRM
OGRADA
RIBNJAK
CVIJET
GARAŽA
VISEĆA
TRAVA
VRT

KOROV
LOPATA
TRAVNJAK
GRABLJE
TLO
TERASA
TRAMPOLIN
CRIJEVO
VOĆNJAK
LOZA

64 - Santé et Bien Être #1

E	N	B	R	S	A	M	O	V	Đ	B	N	B	D	B	S
F	A	K	G	R	N	J	Z	L	G	C	Z	Z	B	A	J
P	V	C	C	N	R	Y	L	H	Y	S	J	K	U	K	D
I	I	J	T	K	A	J	J	W	A	C	Đ	D	B	T	L
P	K	N	Đ	O	K	O	E	J	N	A	Ž	R	D	E	Đ
N	A	C	Y	S	E	I	D	Z	Y	Y	Đ	E	S	R	D
L	J	L	P	T	J	Ć	A	B	P	C	D	S	Y	I	O
Y	I	J	O	I	L	I	J	E	Č	E	N	J	E	J	I
Đ	P	Z	Đ	M	G	Š	H	C	S	E	L	Y	K	E	N
B	A	T	T	L	K	I	H	A	D	V	I	K	O	Ž	A
L	R	G	I	O	J	M	O	J	P	S	J	E	D	W	V
R	E	F	L	E	K	S	R	T	O	D	E	J	V	S	I
R	T	G	L	A	D	K	M	Y	O	H	Č	I	I	P	T
V	V	I	S	I	N	A	O	A	V	H	N	L	R	F	K
B	H	J	O	O	L	O	N	M	T	R	I	C	U	A	A
G	S	J	O	B	A	K	I	N	I	L	K	V	S	M	P

AKTIVAN
BAKTERIJE
OZLJEDA
KLINIKA
GLAD
LOM
NAVIKA
VISINA
HORMONI
LIJEČNIK
LIJEK
MIŠIĆI
KOSTI
KOŽA
LJEKARNA
DRŽANJE
REFLEKS
TERAPIJA
LIJEČENJE
VIRUS

65 - Barbecues

S	C	R	E	B	G	H	I	Z	K	N	G	V	J	I	S
Z	S	E	S	F	Z	H	Y	W	G	N	U	T	S	W	P
G	O	O	B	I	T	E	L	J	T	L	L	A	Đ	O	O
L	N	H	T	O	Z	Ć	O	R	O	Š	T	I	L	J	V
P	O	I	C	E	Đ	O	S	A	L	A	T	E	B	H	R
G	Ž	S	S	R	J	V	R	U	Č	A	K	F	K	D	Ć
L	E	F	B	G	K	L	R	B	Đ	R	A	R	K	K	E
A	V	J	T	I	L	P	K	Đ	B	E	M	O	C	K	Đ
D	I	J	R	Y	R	C	K	Z	D	Č	U	W	H	Y	A
D	O	L	L	R	A	B	G	P	P	E	V	U	N	S	B
J	S	L	B	E	H	V	D	S	A	V	J	D	I	V	Z
E	O	B	U	G	L	J	R	P	I	L	E	T	I	N	A
C	V	Z	T	K	O	J	A	U	H	A	U	D	C	A	L
A	D	E	D	Z	D	V	P	F	Ć	I	S	L	Đ	Y	G
D	U	B	G	J	P	I	A	J	Đ	E	A	Đ	N	R	F
Y	H	J	B	Z	V	H	P	R	A	J	Č	I	C	E	O

VRUĆE
NOŽEVI
RUČAK
VEČERA
DJECA
LJETO
GLAD
OBITELJ
VOĆE
ROŠTILJ

IGRE
POVRĆE
GLAZBA
LUK
PAPAR
PILETINA
SALATE
UMAK
SOL
RAJČICE

66 - Forêt Tropicale

O	V	O	D	O	Z	E	M	C	I	O	M	E	O	P	P
V	B	O	P	S	T	A	N	A	K	Č	K	E	P	M	O
U	O	N	O	T	H	O	T	U	A	U	E	N	G	Y	Š
K	T	C	O	C	D	Z	O	O	E	V	Đ	Y	D	D	T
A	V	O	E	V	B	D	M	B	J	A	D	U	H	Đ	O
Z	R	E	Č	P	A	T	S	R	V	N	R	U	C	Y	V
A	I	A	M	I	L	K	G	B	F	J	Y	U	P	L	A
J	J	D	S	K	Š	R	K	K	S	E	C	I	T	P	N
E	E	O	I	Č	E	T	M	A	H	O	V	I	N	A	J
D	D	R	S	I	A	J	E	E	G	Z	I	L	W	F	E
N	A	I	A	N	R	A	Z	N	O	L	I	K	O	S	T
I	N	R	V	A	Y	Y	Z	W	V	O	C	C	W	P	S
C	S	P	C	T	J	R	B	O	R	W	A	D	K	O	I
A	W	N	I	O	S	J	I	I	U	P	L	P	C	U	G
O	N	Đ	O	B	D	L	W	A	G	I	B	D	K	U	K
D	Ž	U	N	G	L	A	Z	C	T	E	O	V	T	D	K

VODOZEMCI
BOTANIČKI
KLIMA
ZAJEDNICA
RAZNOLIKOST
VRSTA
AUTOHTONO
KUKCI
DŽUNGLA
SISAVCI
MAHOVINA
PRIRODA
OBLACI
PTICE
VRIJEDAN
OČUVANJE
UTOČIŠTE
POŠTOVANJE
OBNOVA
OPSTANAK

67 - Ferme #1

O	R	H	J	Y	H	G	V	L	H	D	A	I	R	B	M
H	P	S	Z	J	T	C	F	P	D	V	V	E	A	O	P
C	G	J	M	C	W	W	R	M	N	I	P	Đ	G	P	Č
R	Đ	J	T	N	F	O	D	J	F	I	B	T	K	O	E
S	G	J	D	L	L	U	P	D	K	D	P	Đ	W	L	L
A	D	E	R	V	I	R	P	O	J	L	O	P	K	J	A
W	D	B	S	F	W	M	E	D	P	A	S	T	O	E	Z
S	T	A	D	O	T	Y	U	P	F	T	O	E	N	M	O
Y	N	I	R	K	R	A	V	A	I	Z	V	L	J	O	K
S	C	C	T	G	F	Ž	N	C	Z	L	J	E	H	V	M
S	I	J	E	N	O	I	O	A	H	K	E	N	P	I	R
V	O	D	A	C	U	R	Z	R	R	S	Z	T	W	J	P
M	A	Č	K	A	J	G	I	A	A	V	T	B	I	O	W
M	R	O	L	L	O	Đ	B	G	Đ	P	B	K	C	N	N
U	H	Đ	G	O	W	B	S	A	D	P	B	D	J	G	A
N	P	Z	F	H	Z	L	U	M	P	K	L	Z	N	U	S

PČELA
POLJOPRIVREDA
MAGARAC
BIZON
POLJE
MAČKA
KONJ
KOZA
PAS
OGRADA
VRANA
VODA
GNOJIVO
SIJENO
MED
PILETINA
RIŽA
STADO
KRAVA
TELE

68 - Café

Z	F	K	G	J	G	W	U	V	N	G	T	G	S	Đ	I
A	N	I	E	F	O	K	A	R	O	G	Đ	W	A	Y	G
D	Đ	O	L	T	E	J	I	R	D	O	P	T	M	R	S
C	G	R	W	T	A	N	I	Ć	U	K	E	T	L	C	R
H	J	T	C	S	A	M	O	R	A	E	F	Đ	J	H	M
A	S	U	K	O	N	R	L	H	L	J	C	F	E	P	O
D	N	J	L	T	E	B	E	Y	O	I	R	Y	T	V	S
L	U	G	G	M	Ž	L	S	Ć	A	L	N	A	I	P	Đ
U	P	I	O	M	R	V	I	O	E	M	A	N	L	I	Đ
V	K	Y	B	C	P	U	K	T	O	Š	M	E	P	Ć	Đ
I	C	S	B	F	Đ	O	V	Y	R	H	E	L	U	E	L
C	T	S	O	K	I	L	O	N	Z	A	R	E	W	O	Đ
Š	A	L	I	C	A	N	E	J	I	C	K	S	U	F	K
A	O	L	O	U	C	O	M	E	G	A	V	O	D	A	G
B	C	F	G	O	Y	A	L	E	P	J	V	W	Y	O	I
A	L	K	I	J	H	S	S	T	D	J	S	Z	T	S	Y

KISELO
GORAK
AROMA
PIĆE
KOFEIN
KREMA
VODA
FILTAR
MLIJEKO
TEKUĆINA
JUTRO
SAMLJETI
CRNA
PODRIJETLO
CIJENA
PRŽENA
OKUS
ŠEĆER
ŠALICA
RAZNOLIKOST

69 - Antarctique

T	E	M	P	E	R	A	T	U	R	A	S	F	W	L	K
E	K	S	P	E	D	I	C	I	J	A	H	M	G	E	O
C	Z	A	L	J	E	V	T	Đ	E	J	H	H	U	D	N
I	M	L	Z	O	F	L	W	T	U	I	S	E	F	E	Z
T	F	D	D	V	G	V	Y	W	E	C	D	L	B	N	E
P	M	I	N	E	R	A	L	I	K	A	V	D	J	J	R
V	A	P	O	L	U	O	T	O	K	R	O	K	T	A	V
S	T	J	E	N	O	V	I	T	A	G	D	L	N	C	A
Đ	H	N	I	K	N	H	C	O	J	I	A	R	E	I	C
Đ	L	R	A	F	W	Y	O	N	N	M	I	D	N	D	I
Y	Đ	O	S	C	A	C	T	O	O	F	Y	N	I	V	J
K	I	T	O	V	I	R	O	K	K	I	U	K	T	C	A
J	A	J	I	F	A	R	G	O	P	O	T	S	N	D	J
H	R	Z	N	O	P	B	J	O	F	L	L	M	O	H	B
Z	N	A	N	S	T	V	E	N	E	H	N	I	K	I	D
I	S	T	R	A	Ž	I	V	A	Č	G	E	M	Š	V	W

ZALJEV
KITOVI
ISTRAŽIVAČ
KONZERVACIJA
KONTINENT
VODA
OKOLIŠ
EKSPEDICIJA
GEOGRAFIJA
LED
LEDENJACI
OTOCI
MIGRACIJA
MINERALI
PTICE
POLUOTOK
STJENOVITA
ZNANSTVEN
TEMPERATURA
TOPOGRAFIJA

70 - Professions #2

A	P	F	Z	K	Y	T	H	J	G	J	I	I	I	K	N
S	I	F	O	U	K	A	F	Č	K	E	N	L	Z	N	U
T	L	F	V	T	B	H	D	A	R	Z	Ž	U	U	J	E
R	O	K	Y	J	O	A	C	V	Z	I	E	S	M	I	H
O	T	I	A	L	G	G	R	I	D	K	N	T	I	Ž	J
N	Đ	N	Z	E	O	M	R	Ž	G	O	J	R	T	N	P
A	W	Č	B	T	L	D	A	A	T	S	E	A	E	I	A
U	Đ	E	L	I	O	T	N	R	F	L	R	T	L	Č	K
T	N	J	U	Č	O	R	I	T	L	O	A	O	J	A	S
G	D	I	R	U	Z	L	V	S	J	V	K	R	O	R	Z
F	I	L	O	Z	O	F	O	I	I	A	I	P	I	J	C
S	I	T	I	Y	Z	J	N	G	M	C	L	R	D	U	P
D	E	T	E	K	T	I	V	F	D	S	S	O	B	P	O
K	I	R	U	R	G	V	R	T	L	A	R	N	R	I	B
P	Y	K	J	J	L	J	A	H	N	N	F	U	E	Y	K
E	S	K	V	G	C	S	F	U	Y	E	G	Y	Đ	N	R

ASTRONAUT
KNJIŽNIČAR
BIOLOG
ISTRAŽIVAČ
KIRURG
ZUBAR
DETEKTIV
UČITELJ
ILUSTRATOR
INŽENJER
IZUMITELJ
VRTLAR
NOVINAR
JEZIKOSLOVAC
LIJEČNIK
SLIKAR
FILOZOF
FOTOGRAF
PILOT
ZOOLOG

71 - Les Abeilles

V	G	R	K	E	H	D	Đ	G	W	P	O	K	N	Z	W
I	R	Z	O	O	R	V	M	Đ	D	I	C	Z	U	G	A
V	A	T	Š	I	A	K	O	R	I	S	N	O	M	E	D
N	Z	H	N	B	N	G	Z	Z	M	K	G	K	V	A	S
D	I	M	I	Y	A	Z	U	B	B	Y	N	I	A	H	M
W	Đ	R	C	A	K	U	K	U	F	Z	A	C	T	J	Đ
N	A	S	A	R	D	V	M	R	V	A	Đ	I	S	Z	H
D	H	Đ	Y	A	U	T	E	N	U	O	Y	R	U	R	C
R	A	Z	N	O	L	I	K	O	S	T	S	G	S	N	Y
A	R	G	A	Z	E	S	U	N	C	E	G	A	O	T	K
W	O	R	P	V	P	P	N	L	N	O	F	G	K	T	O
L	J	C	F	Z	O	S	T	A	N	I	Š	T	E	W	B
C	V	I	J	E	T	Ć	P	N	T	K	R	I	L	A	I
C	V	I	J	E	Ć	E	E	N	L	Đ	L	B	T	R	L
Y	S	T	Y	N	B	Z	W	L	D	Z	O	G	L	Z	J
K	R	A	L	J	I	C	A	Z	U	Z	P	G	I	S	E

KRILA
KORISNO
VOSAK
RAZNOLIKOST
ROJ
EKOSUSTAV
CVIJET
CVIJEĆE
VOĆE
DIM
STANIŠTE
KUKAC
VRT
MED
HRANA
BILJE
PELUD
KRALJICA
KOŠNICA
SUNCE

72 - Santé et Bien Être #2

T	Z	D	R	A	V	U	K	W	M	D	A	H	V	W	O
S	E	A	L	E	R	G	I	J	A	E	N	I	I	M	H
E	U	Ž	B	O	L	N	I	C	A	H	A	G	T	K	O
L	U	K	I	E	G	G	A	J	O	I	T	I	A	B	I
O	H	S	D	N	R	T	P	S	Z	D	O	J	M	T	G
B	I	C	H	W	A	W	U	J	I	R	M	E	I	K	E
K	Đ	I	N	O	N	P	D	G	N	A	I	N	N	R	T
E	A	S	O	F	A	T	M	E	F	C	J	A	K	V	R
T	G	L	W	Z	R	S	W	N	E	I	A	C	C	K	T
I	F	J	O	I	H	Đ	O	E	K	J	L	F	C	B	Y
J	M	P	Đ	R	S	L	W	T	C	A	Y	M	L	T	A
E	A	Y	S	K	I	J	V	I	I	M	A	S	A	Ž	A
L	Y	V	J	B	D	J	A	K	J	T	T	E	L	W	B
O	A	P	E	T	I	T	A	A	A	V	O	R	Z	L	H
L	M	O	P	O	R	A	V	A	K	Z	A	T	F	P	H
S	L	E	N	E	R	G	I	J	A	S	U	S	A	K	F

ALERGIJA
ANATOMIJA
APETIT
KALORIJA
TIJELO
DEHIDRACIJA
ENERGIJA
GENETIKA
BOLNICA
HIGIJENA
INFEKCIJA
BOLEST
MASAŽA
ISHRANA
TEŽINA
OPORAVAK
ZDRAV
KRV
STRES
VITAMIN

73 - Conduite

P	D	Z	L	O	Y	G	G	V	K	P	A	T	R	A	K
L	Đ	G	Đ	L	E	Đ	H	K	A	K	J	T	G	B	M
I	A	A	N	I	Z	R	B	L	M	D	I	E	D	D	M
K	F	R	B	M	R	P	T	I	I	L	C	C	Š	S	Y
W	T	A	N	B	Z	P	D	C	O	S	I	I	V	A	L
G	S	Ž	K	J	R	A	T	E	N	Y	L	N	G	T	K
L	O	A	Ć	E	R	S	E	N	E	A	O	Č	B	S	Z
I	N	R	N	Đ	G	M	O	C	B	J	P	O	A	E	L
B	R	E	I	N	P	S	B	A	T	T	Đ	K	K	C	H
O	U	W	L	V	E	T	M	O	T	O	C	I	K	L	Z
M	G	J	P	Z	O	V	E	J	I	R	P	K	L	Đ	D
O	I	F	J	M	U	C	K	M	M	T	U	N	E	L	K
T	S	O	N	S	A	P	O	L	O	K	M	Đ	S	V	Đ
U	G	Z	D	P	F	I	Đ	W	T	R	Y	T	B	D	T
A	A	A	J	L	Z	P	Đ	U	O	B	P	N	Z	P	S
N	W	A	Z	Y	U	D	A	C	R	Y	H	F	Đ	Z	U

NESREĆA
KAMION
GORIVO
KARTA
OPASNOST
KOČNICE
GARAŽA
PLIN
LICENCA
MOTOR
MOTOCIKL
PJEŠAK
POLICIJA
CESTA
SIGURNOST
PROMET
PRIJEVOZ
TUNEL
BRZINA
AUTOMOBIL

74 - Plantes

M	A	H	O	V	I	N	A	U	M	M	L	F	A	V	B
V	C	F	Z	G	V	S	Đ	V	D	Y	R	L	S	C	R
O	O	E	P	J	E	Y	R	I	B	T	M	O	V	O	Š
F	B	Y	G	F	G	C	T	M	I	L	K	Z	P	K	L
C	S	O	J	R	E	D	K	B	K	H	I	N	O	A	J
L	U	K	M	L	T	R	P	T	G	J	I	Š	Y	U	A
A	R	O	L	F	A	B	A	M	B	U	S	Đ	Ć	N	N
T	R	V	R	Z	C	Đ	C	T	R	J	G	K	W	E	B
I	G	C	S	D	I	W	I	L	I	G	F	G	F	J	Z
C	N	P	D	T	J	A	B	K	A	K	T	U	S	I	A
A	O	L	G	M	A	O	O	T	R	A	S	T	I	R	R
P	J	G	R	A	H	V	B	E	R	O	D	B	O	O	S
G	I	Y	P	G	V	T	N	J	N	A	O	A	W	K	E
H	V	Y	W	C	R	O	P	I	N	M	V	S	F	Đ	B
H	O	O	U	B	V	D	K	V	Y	U	R	A	R	S	C
B	O	T	A	N	I	K	A	C	T	Š	D	D	S	I	V

DRVO
BOBICA
BAMBUS
BOTANIKA
GRM
KAKTUS
GNOJIVO
LIŠĆE
CVIJET
FLORA
ŠUMA
RASTI
GRAH
TRAVA
VRT
BRŠLJAN
MAHOVINA
LATICA
KORIJEN
VEGETACIJA

75 - Ferme #2

Z	R	E	L	O	P	Y	A	V	A	Y	T	Đ	H	F	B
R	T	R	C	O	O	C	G	B	O	O	P	K	Z	D	N
P	S	H	L	V	J	G	G	U	P	Ć	J	O	Z	U	A
N	Y	G	S	R	O	J	A	C	I	N	E	Š	P	W	V
K	E	Y	U	U	K	R	A	K	T	A	P	N	M	M	O
R	D	R	U	L	E	H	S	N	Z	G	Z	I	N	R	D
D	P	O	V	W	J	V	Y	P	J	D	A	C	O	N	N
S	O	T	M	S	I	T	O	D	G	E	M	A	L	B	J
P	V	O	T	V	L	R	W	P	G	C	T	Đ	E	E	A
P	R	Đ	K	A	M	A	D	A	V	I	L	I	S	H	V
P	Ć	S	K	L	U	K	A	J	N	Ć	O	V	N	K	A
A	E	F	M	V	S	T	K	U	K	U	R	U	Z	A	N
S	E	J	N	I	T	O	V	I	Ž	J	T	D	O	B	J
T	A	K	A	N	A	R	H	Y	N	C	I	B	T	O	E
I	B	L	T	J	J	I	J	E	Č	A	M	E	Đ	M	O
R	K	A	E	Y	A	G	A	Z	S	B	U	A	E	O	W

JANJETINA
ŽIVOTINJE
PASTIR
PŠENICA
PATKA
VOĆE
STAJA
NAVODNJAVANJE
MLIJEKO
LAME
POVRĆE
KUKURUZ
OVCE
ZRELO
HRANA
JEČAM
LIVADA
KOŠNICA
TRAKTOR
VOĆNJAK

76 - Vacances #2

H	O	D	R	E	D	I	Š	T	E	Z	O	K	V	S	I
Z	O	V	E	J	I	R	P	W	L	R	D	L	J	T	Đ
E	M	T	I	M	O	R	E	L	I	A	M	U	P	R	J
S	Đ	Z	E	D	P	T	E	D	Y	Č	O	B	U	A	R
W	I	J	B	L	K	O	G	T	C	N	R	G	T	N	E
P	N	I	A	Đ	I	I	R	V	D	A	K	T	O	A	Z
K	B	V	Ž	W	N	J	D	I	P	L	S	Z	V	C	E
A	A	Š	A	T	O	R	E	Z	B	U	B	I	A	R	R
L	C	M	L	D	J	A	P	A	J	K	T	B	N	J	V
V	I	O	P	V	K	T	Z	C	E	A	K	O	J	F	A
C	N	E	J	I	F	A	R	G	O	T	O	F	E	L	C
C	V	K	A	Z	R	T	A	K	S	I	T	V	N	K	I
R	O	C	A	M	P	A	R	E	S	T	O	R	A	N	J
P	T	K	C	R	T	Z	N	N	F	T	K	V	Y	L	E
K	U	Đ	U	V	T	P	Đ	J	B	U	E	U	D	W	O
R	P	Đ	S	U	S	A	A	N	E	N	T	Đ	I	V	A

ZRAČNA LUKA
KAMPIRANJE
KARTA
ODREDIŠTE
STRANAC
HOTEL
OTOK
MORE
PUTOVNICA
FOTOGRAFIJE
PLAŽA
RESTORAN
REZERVACIJE
TAKSI
ŠATOR
VLAK
PRIJEVOZ
ODMOR
VIZA
PUTOVANJE

77 - Temps

J	F	G	C	M	C	F	C	Y	G	O	R	P	S	M	S
U	H	M	L	P	F	V	E	P	T	Z	R	K	A	J	T
B	R	A	D	N	E	L	A	K	Y	I	F	T	D	E	O
S	S	B	Đ	A	W	R	C	P	O	D	N	E	A	S	L
Ć	N	O	K	A	N	E	Z	Y	B	F	F	D	R	E	J
G	O	D	I	Š	N	J	I	R	Z	L	P	N	G	C	E
I	R	N	L	N	B	I	T	L	Đ	J	D	S	M	F	Ć
F	T	A	S	S	B	R	D	W	T	C	E	Đ	C	Đ	E
Z	U	D	Z	D	H	P	F	O	J	S	S	A	N	A	D
Y	J	M	Y	G	W	K	Y	Z	G	K	E	Y	A	M	H
B	U	D	U	Ć	N	O	S	T	M	B	T	J	D	I	R
R	G	C	Y	P	I	E	S	C	D	E	L	U	E	N	S
Đ	J	H	L	Z	R	I	G	E	W	P	J	Č	J	U	K
U	N	L	V	A	U	S	K	O	R	O	E	E	T	T	C
T	B	P	S	N	T	U	H	S	M	H	Ć	R	D	A	J
S	T	G	V	E	Đ	E	O	R	V	Đ	E	W	E	O	U

GODINA
GODIŠNJI
NAKON
DANAS
PRIJE
USKORO
KALENDAR
DESETLJEĆE
BUDUĆNOST
SAT
JUČER
DAN
SADA
JUTRO
PODNE
MINUTA
MJESEC
NOĆ
TJEDAN
STOLJEĆE

78 - Immigration

Č	V	F	J	R	P	K	K	R	U	R	U	I	P	G	U
B	A	M	K	S	J	D	G	T	O	I	K	K	R	F	P
A	N	S	G	F	U	E	K	P	U	K	J	V	O	P	T
R	P	C	N	A	L	T	Š	Đ	I	K	E	P	C	F	K
S	M	C	Đ	I	L	Š	M	E	F	Đ	Z	F	E	E	O
O	T	A	T	P	K	I	H	J	N	T	I	G	S	J	M
U	P	R	A	V	A	Ć	F	Z	C	J	K	L	E	N	U
I	O	D	W	H	G	U	E	N	W	A	E	S	R	E	N
D	F	Đ	Z	H	V	K	Z	D	C	J	T	Y	T	R	I
S	I	T	U	A	C	I	J	A	P	S	J	G	S	B	K
P	O	M	O	Ć	N	I	H	I	L	S	A	R	D	O	A
E	M	Z	A	K	O	N	G	C	F	V	L	A	J	D	C
N	D	Z	A	Š	T	I	T	A	E	T	R	N	E	O	I
F	I	N	A	N	C	I	R	A	N	J	E	I	C	E	J
D	O	K	U	M	E	N	T	I	M	T	Z	C	A	R	A
D	Đ	F	E	J	N	A	R	A	V	O	G	E	R	P	O

UPRAVA
ODRASLI
POMOĆ
ODOBRENJE
KOMUNIKACIJA
ROK
DOKUMENTI
DJECA
FINANCIRANJE
GRANICE
JEZIK
KUĆIŠTE
ZAKON
PREGOVARANJE
ČASNIK
PROCES
ZAŠTITA
SITUACIJA
RJEŠENJE
STRES

79 - Maison

T	T	S	O	Z	E	E	A	V	K	O	I	I	U	U	J
I	A	T	Đ	W	M	J	M	E	R	J	J	S	R	U	J
F	K	R	G	W	S	P	T	B	O	T	V	R	T	Đ	E
S	R	O	D	L	M	M	O	E	V	G	M	Y	L	V	D
B	I	P	B	U	G	G	U	R	P	N	T	Z	B	E	V
P	O	T	K	R	O	V	L	J	E	I	V	R	A	T	A
B	L	V	S	J	R	W	A	T	R	M	H	O	Ž	O	C
G	A	W	U	V	U	I	I	V	Š	A	D	Z	A	G	I
K	D	U	Đ	A	J	N	I	H	U	K	E	O	R	R	N
P	E	T	U	Z	Z	E	G	Đ	T	J	T	R	A	A	Ž
K	L	N	E	K	P	I	T	D	I	T	I	P	G	D	I
U	G	K	V	W	K	B	D	I	K	O	Đ	N	M	A	J
U	O	Y	J	E	G	U	A	W	L	D	Y	U	E	B	N
R	P	Z	U	A	B	A	M	R	S	J	D	F	T	O	K
Y	M	T	E	Z	A	V	J	E	S	E	K	T	L	S	Z
P	J	T	V	L	Y	G	J	Y	J	S	V	A	A	Z	E

METLA
KNJIŽNICA
SOBA
KAMIN
TIPKE
OGRADA
KUHINJA
TUŠ
PROZOR
GARAŽA
POTKROVLJE
VRT
SVJETILJKA
OGLEDALO
ZID
STROP
VRATA
ZAVJESE
TEPIH
KROV

80 - Légumes

G	E	V	Đ	L	Z	B	U	N	D	E	V	A	N	S	Š
F	U	S	U	U	G	N	F	D	Y	T	S	D	K	A	P
T	N	J	C	K	M	A	K	O	Č	I	T	R	A	L	I
V	Z	C	W	E	R	Ž	P	P	E	R	Š	I	N	A	N
W	G	S	L	R	K	D	H	E	D	A	E	Y	P	T	A
Č	J	P	E	A	V	I	P	N	R	I	J	B	V	A	T
R	E	L	E	C	A	L	G	P	H	U	K	M	V	E	W
Z	M	Š	R	I	A	T	L	B	R	O	K	U	L	A	U
F	Z	I	N	Č	K	A	J	Z	O	K	K	U	L	A	N
V	C	A	Y	J	K	P	I	L	S	O	G	Z	Z	K	G
A	O	M	U	A	A	I	V	R	O	T	K	V	I	C	A
I	C	N	O	R	Š	K	A	N	I	L	S	A	M	O	S
F	O	V	B	P	A	F	D	Z	O	B	N	W	S	D	V
R	N	J	U	Z	R	J	Z	Đ	T	S	M	V	D	A	L
L	O	H	Y	Đ	G	L	S	F	R	U	Đ	U	Đ	K	Y
U	K	R	A	S	T	A	V	A	C	R	T	Y	Đ	F	L

ČEŠNJAK
ARTIČOKA
PATLIDŽAN
BROKULA
MRKVA
CELER
GLJIVA
BUNDEVA
KRASTAVAC
LUK KOZJAK
ŠPINAT
ĐUMBIR
REPA
LUK
MASLINA
PERŠIN
GRAŠAK
ROTKVICA
SALATA
RAJČICA

81 - Famille

Z	C	Z	V	I	B	B	B	F	F	U	O	E	M	K	Y
P	F	F	D	A	R	G	T	B	W	O	J	I	U	R	T
F	Đ	E	E	J	U	H	Đ	M	A	O	T	A	Ž	V	U
F	D	G	Y	R	A	D	S	A	K	Đ	D	E	K	G	S
H	O	W	Y	C	T	R	H	A	H	V	Z	K	O	O	I
J	V	P	D	A	J	N	I	K	A	Ć	E	N	Č	R	W
N	T	H	R	T	K	D	Đ	T	M	S	T	O	I	Z	P
J	S	P	Đ	O	A	J	R	E	A	L	E	U	N	S	N
D	J	E	C	A	D	E	A	T	J	A	J	L	S	E	T
O	N	Y	U	R	E	D	Y	M	Č	G	I	Ć	K	Đ	J
C	I	W	V	T	R	C	N	W	I	U	D	M	I	D	W
J	T	D	V	S	P	R	N	E	N	R	O	Đ	A	K	D
O	E	B	Z	E	Y	J	E	Đ	S	P	U	V	K	O	W
W	J	C	R	S	C	L	Ć	I	K	U	Y	R	A	C	B
J	D	J	S	A	L	E	A	N	I	S	J	B	B	Z	G
M	G	A	V	A	T	R	K	A	O	H	E	Y	F	F	F

PREDAK
ROĐAK
DJETINJSTVO
DIJETE
DJECA
SUPRUGA
KĆI
BRAT
BAKA
DJED
MUŽ
MAJČINSKI
MAJKA
NEĆAK
NEĆAKINJA
UJAK
OČINSKI
OTAC
SESTRA
TETKA

82 - Oiseaux

P	L	P	A	I	T	O	P	Đ	H	A	G	L	K	P	F
I	A	N	A	R	V	V	P	G	J	J	K	R	U	I	N
N	B	K	S	A	Y	R	R	Y	H	A	N	G	K	L	W
G	U	U	S	K	K	K	N	A	B	J	Z	O	A	E	O
V	D	U	S	U	D	N	D	D	B	E	Đ	L	V	T	Z
I	W	Y	M	N	G	Z	K	O	Đ	A	L	U	I	I	L
N	F	J	C	U	I	V	U	R	J	Y	C	B	C	N	K
M	C	O	R	A	O	G	N	I	M	A	L	F	A	A	S
L	C	N	Z	P	Y	P	A	G	I	P	A	P	K	Y	T
C	P	V	P	N	B	P	K	S	A	J	G	K	V	A	V
E	M	A	V	T	P	W	I	U	H	N	M	M	P	M	Đ
V	Y	J	T	Y	F	K	L	U	Z	P	S	G	G	U	J
R	B	L	R	K	O	B	E	L	A	G	F	O	P	M	R
H	O	P	F	K	A	S	P	T	O	U	C	A	N	A	W
K	Đ	A	V	K	R	C	J	D	M	T	O	J	I	A	B
E	L	Č	J	P	S	H	K	G	T	W	B	U	V	F	A

ORAO
NOJ
PATKA
RODA
VRANA
KUKAVICA
LABUD
FLAMINGO
ČAPLJA
PINGVIN
VRABAC
GALEB
JAJE
GUSKA
PAUN
PAPIGA
PELIKAN
GOLUB
PILETINA
TOUCAN

83 - Disciplines Scientifiques

T	Y	G	F	S	O	C	I	O	L	O	G	I	J	A	L
A	E	M	E	T	E	O	R	O	L	O	G	I	J	A	I
S	F	R	F	A	K	I	N	A	H	E	M	Y	H	B	N
T	I	R	M	B	N	Z	O	O	L	O	G	I	J	A	G
R	Z	G	Y	O	Z	A	K	I	N	A	T	O	B	A	V
O	I	E	P	R	D	J	T	L	I	J	V	J	U	J	I
N	O	A	Z	A	J	I	G	O	L	O	N	U	M	I	S
O	L	J	F	A	S	G	N	C	M	D	Z	I	B	G	T
M	O	I	B	J	C	O	H	A	E	I	J	G	U	O	I
I	G	M	Y	I	K	L	Z	K	M	L	J	A	G	L	K
J	I	E	W	G	Y	O	P	Y	R	I	E	A	V	O	A
A	J	K	U	O	W	I	T	H	M	O	K	Đ	P	E	H
S	A	O	K	L	R	B	Đ	Y	U	I	O	A	A	H	U
P	S	I	H	O	L	O	G	I	J	A	G	L	T	R	Z
T	C	B	K	E	M	I	J	A	U	I	U	M	E	A	F
M	A	J	I	G	O	L	O	K	E	G	P	U	Đ	F	F

ANATOMIJA
ARHEOLOGIJA
ASTRONOMIJA
BIOKEMIJA
BIOLOGIJA
BOTANIKA
KEMIJA
EKOLOGIJA
GEOLOGIJA
IMUNOLOGIJA
LINGVISTIKA
MEHANIKA
METEOROLOGIJA
FIZIOLOGIJA
PSIHOLOGIJA
SOCIOLOGIJA
TERMODINAMIKA
ZOOLOGIJA

84 - Maladie

N	P	O	A	J	I	P	A	R	E	T	F	E	S	C	Z
E	S	L	M	K	G	L	V	G	S	H	S	F	I	N	A
U	N	E	U	U	U	F	J	D	I	N	O	H	D	T	R
R	T	J	Z	Ć	L	T	M	F	N	D	N	P	C	U	A
O	H	I	U	V	N	N	A	D	U	K	O	S	T	I	Z
P	U	T	U	Z	C	I	E	N	S	O	T	Z	B	Z	A
A	P	W	Y	V	D	K	C	R	R	F	D	Z	V	L	N
T	A	K	N	J	W	S	N	A	S	L	J	E	D	N	O
I	L	L	Đ	M	C	T	K	R	O	N	I	Č	A	N	P
J	A	P	R	O	L	E	J	L	V	A	R	D	Z	E	U
A	C	E	R	R	S	N	I	M	U	N	I	T	E	T	R
Y	P	N	H	D	R	E	C	R	S	F	S	L	A	B	E
B	E	R	M	N	I	G	W	E	L	L	N	E	S	S	I
I	R	K	T	I	Z	Š	A	L	E	R	G	I	J	E	B
P	B	D	V	S	Đ	I	N	P	E	R	F	Đ	Y	W	A
P	N	U	H	P	N	H	Z	I	J	A	R	R	K	N	S

AKUTAN
ALERGIJE
WELLNESS
KRONIČAN
ZARAZAN
TIJELO
SRCE
SLAB
GENETSKI
NASLJEDNO
IMUNITET
UPALA
NEUROPATIJA
KOSTI
PLUĆNI
DIŠNI
ZDRAVLJE
SINUS
SINDROM
TERAPIJA

85 - Univers

Đ	S	S	U	N	Č	A	N	O	K	H	P	K	I	N	U
D	I	O	R	E	T	S	A	C	O	E	C	M	T	E	H
B	Z	D	L	J	L	R	A	E	Z	M	Y	M	W	B	O
A	O	K	H	S	C	A	F	O	M	I	L	F	Đ	O	R
A	S	D	K	H	T	N	V	L	I	S	O	A	G	Y	I
T	O	T	R	M	A	I	Y	A	Č	F	M	J	M	A	Z
I	E	H	R	I	O	Ž	C	V	K	E	Y	I	A	E	O
B	F	L	R	O	Đ	U	E	I	I	R	C	S	T	E	N
R	K	L	E	V	N	D	J	J	J	A	E	K	M	K	T
O	A	S	I	S	J	O	R	L	T	A	M	A	O	V	M
J	J	Đ	J	C	K	M	M	D	H	K	O	L	S	A	J
Š	I	R	I	N	A	O	B	I	A	Đ	O	A	F	T	E
A	D	J	E	F	J	J	P	V	R	Đ	V	G	E	O	S
P	O	R	S	T	P	A	U	U	Đ	K	C	B	R	R	E
L	Z	Đ	A	J	I	M	O	N	O	R	T	S	A	J	C
B	W	U	J	W	O	I	P	Y	N	H	T	F	U	K	H

ASTEROID
ASTRONOM
ASTRONOMIJA
ATMOSFERA
NEBO
KOZMIČKI
EKVATOR
GALAKSIJA
HEMISFERA
HORIZONT
ŠIRINA
DUŽINA
MJESEC
TAMA
ORBITA
SUNČANO
SOLSTICIJ
TELESKOP
VIDLJIV
ZODIJAK

86 - Géographie

P	Y	B	A	W	S	V	B	G	W	G	K	T	Z	Y	K
O	B	J	W	Y	Đ	F	S	Y	J	G	A	K	O	T	O
D	V	C	R	G	Y	U	C	F	S	B	R	G	O	U	N
R	L	B	G	R	C	Z	A	P	A	D	T	L	D	Y	T
U	T	Y	D	A	B	M	J	A	L	R	A	V	I	G	I
Č	P	W	Đ	D	L	E	L	C	T	S	E	E	Đ	H	N
J	T	Đ	V	U	U	R	M	O	A	T	R	G	E	J	E
E	N	Y	W	M	T	I	E	S	K	M	O	C	I	E	N
Š	I	R	I	N	A	D	Z	Y	D	H	M	N	H	J	T
V	E	U	G	A	R	I	P	L	A	N	I	N	A	J	A
R	T	G	U	U	F	J	J	N	S	F	L	K	B	Y	V
J	I	D	K	H	G	A	R	E	F	S	I	M	E	H	B
E	U	J	R	Y	W	N	V	O	D	P	L	S	J	J	J
K	Z	G	E	C	S	B	S	J	E	V	E	R	S	G	L
I	L	U	R	K	S	V	I	J	E	T	L	S	N	G	E
J	W	A	J	N	A	E	C	O	V	I	S	I	N	A	Đ

VISINA
ATLAS
KARTA
KONTINENT
RIJEKA
HEMISFERA
OTOK
ŠIRINA
MORE
MERIDIJAN
SVIJET
PLANINA
SJEVER
OCEAN
ZAPAD
ZEMLJA
REGIJA
JUG
PODRUČJE
GRAD

87 - Danse

G	M	N	K	O	R	E	O	G	R	A	F	I	J	A	I
O	M	A	T	I	R	T	I	I	R	B	L	A	L	J	G
P	R	T	V	B	J	O	D	R	Ž	A	N	J	E	I	V
L	R	S	I	P	Z	M	M	T	P	S	R	N	Y	C	G
K	G	O	A	J	I	M	E	D	A	K	A	T	Đ	O	R
F	N	D	B	R	P	R	B	V	R	U	V	C	W	M	Y
B	G	A	R	A	M	G	P	B	T	L	S	N	G	E	U
Đ	Y	R	T	I	J	E	L	O	N	T	E	R	K	O	P
I	Z	R	A	Ž	A	J	A	N	E	U	C	Z	V	B	Y
N	W	W	R	B	E	B	Z	C	R	R	N	C	H	I	L
D	N	L	U	E	Z	R	T	S	O	N	T	E	J	M	U
I	I	Z	T	H	U	A	D	Y	S	I	F	T	H	D	H
V	Đ	M	L	R	B	F	L	P	G	K	N	W	A	J	A
C	L	T	U	U	B	P	F	G	T	S	O	L	I	M	Y
K	S	E	K	K	L	A	S	I	Č	N	I	K	H	T	W
T	R	A	D	I	C	I	O	N	A	L	A	N	R	C	Y

AKADEMIJA
UMJETNOST
KOREOGRAFIJA
KLASIČNI
TIJELO
KULTURA
KULTURNI
IZRAŽAJAN
EMOCIJA
MILOST
RADOSTAN
POKRET
GLAZBA
PARTNER
DRŽANJE
PROBA
RITAM
SKOK
TRADICIONALAN
VIDNI

88 - Bâtiments

S	V	L	H	S	S	L	J	D	L	F	K	W	P	B	M
U	B	L	O	M	T	E	T	Š	I	L	A	Z	A	K	U
P	K	Đ	V	Z	A	T	W	O	S	K	I	N	O	V	Z
E	W	B	S	Y	D	O	V	E	R	O	T	A	Š	W	E
R	R	P	V	M	I	H	B	Z	N	A	T	M	L	L	J
M	P	H	W	R	O	D	B	L	Đ	Đ	N	Đ	F	Z	K
A	B	N	Đ	P	N	Đ	U	I	F	P	V	J	I	E	A
R	G	A	R	A	Ž	A	C	I	N	L	O	B	M	N	A
K	E	T	T	W	C	A	R	O	V	D	S	T	A	J	A
E	L	S	E	T	Š	I	L	I	Č	U	E	V	S	G	N
T	V	L	J	O	E	C	N	U	R	S	G	A	Z	G	I
I	U	D	P	M	M	V	Đ	O	N	N	D	R	Š	R	B
L	A	B	O	R	A	T	O	R	I	J	M	S	K	B	A
T	V	O	R	N	I	C	A	P	U	D	Y	T	O	I	K
C	Y	R	I	P	Đ	P	O	K	B	I	A	U	L	P	N
Z	V	J	E	Z	D	A	R	N	I	C	A	R	A	R	M

STAN
RADIONICA
KABINA
DVORAC
KINO
ŠKOLA
GARAŽA
STAJA
BOLNICA
HOTEL
LABORATORIJ
MUZEJ
ZVJEZDARNICA
STADION
SUPERMARKET
ŠATOR
KAZALIŠTE
TORANJ
SVEUČILIŠTE
TVORNICA

89 - Activités et Loisirs

A	U	H	F	D	D	H	K	K	I	T	N	B	G	L	U
W	R	M	E	R	D	L	S	O	E	E	M	K	S	D	Đ
T	I	P	J	L	S	Y	W	Š	V	N	W	M	H	Đ	O
H	B	J	N	E	K	L	N	A	G	I	J	I	B	O	H
I	A	E	A	J	T	R	P	R	H	S	K	O	B	A	J
N	R	Š	R	N	P	N	H	K	D	G	U	Z	S	D	Z
V	S	A	I	A	U	L	O	A	K	J	O	B	D	O	K
G	T	Č	P	T	B	K	V	S	N	K	G	O	U	Đ	D
O	V	E	M	Š	G	G	T	A	T	K	Đ	N	G	Đ	H
L	O	N	A	U	Đ	G	S	S	U	R	F	A	N	J	E
F	M	J	K	P	W	V	R	P	L	I	V	A	N	J	E
S	B	E	I	O	L	B	A	K	I	L	S	N	E	G	O
N	O	G	O	M	E	T	L	O	B	Z	J	E	B	Y	V
T	K	N	S	N	Z	F	T	R	O	N	J	E	N	J	E
M	F	N	K	G	Z	C	R	P	U	T	O	V	A	T	I
T	A	C	M	Đ	W	F	V	L	Đ	W	E	J	F	N	F

UMJETNOST
BEJZBOL
KOŠARKA
BOKS
KAMPIRANJE
NOGOMET
GOLF
VRTLARSTVO
PLIVANJE
HOBIJI

SLIKA
RIBARSTVO
RONJENJE
PJEŠAČENJE
OPUŠTANJE
SURFANJE
TENIS
ODBOJKA
PUTOVATI

90 - Livres

P	I	B	N	Y	Đ	E	R	C	A	S	Z	L	L	I	R
R	N	M	K	T	S	K	E	T	N	O	K	V	I	L	O
I	V	R	E	I	L	E	L	I	M	U	P	C	T	U	M
P	E	W	Y	V	G	I	E	C	Z	M	O	F	E	A	A
O	N	R	S	O	P	A	V	E	K	N	L	B	R	M	N
V	T	J	F	H	A	H	A	M	S	E	J	P	A	J	E
J	I	M	Z	U	L	V	N	A	Z	C	I	O	R	I	P
E	V	L	C	D	P	I	T	C	C	P	U	N	N	T	P
D	N	V	V	T	T	B	A	Y	K	T	R	Č	I	V	T
A	I	C	A	R	U	T	N	A	V	A	J	I	R	E	S
Č	P	O	E	Z	I	J	A	E	A	S	N	G	Č	Y	O
S	T	R	A	N	I	C	A	H	U	D	B	A	A	A	N
Z	B	I	R	K	A	Y	U	K	T	D	O	R	T	B	L
P	O	V	I	J	E	S	N	I	O	V	O	T	I	J	A
D	D	T	F	D	B	P	M	H	R	G	P	N	Č	V	U
L	T	W	L	A	G	H	M	C	B	J	M	Đ	A	A	D

AUTOR
AVANTURA
ZBIRKA
KONTEKST
DUALNOST
EP
PRIČA
POVIJESNI
DUHOVIT
INVENTIVNI
ČITAČ
LITERARNI
PRIPOVJEDAČ
STRANICA
RELEVANTAN
PJESMA
POEZIJA
ROMAN
SERIJA
TRAGIČNO

91 - Pays #2

L	J	D	Y	G	C	B	W	H	K	A	F	E	P	L	B
C	L	Y	A	K	S	R	I	F	A	J	R	U	A	P	R
Y	I	O	J	N	A	D	U	S	K	I	K	Y	K	G	D
Đ	F	N	I	O	S	R	V	R	P	N	T	S	I	V	P
B	M	W	L	N	N	K	C	L	J	A	J	I	S	U	R
I	I	Z	A	A	D	N	A	G	U	B	A	U	T	O	K
Đ	A	V	M	B	K	I	N	A	R	L	N	W	A	L	Đ
Đ	O	V	O	I	A	K	J	A	M	A	J	A	N	O	V
P	R	S	S	L	K	E	N	I	J	A	V	F	B	K	N
A	E	I	L	Z	S	D	L	Đ	H	Đ	D	T	J	V	E
I	O	R	W	A	J	I	Z	E	N	O	D	N	I	T	O
U	D	I	J	F	O	K	I	S	K	E	M	A	H	M	S
Z	F	J	B	A	K	S	U	C	N	A	R	F	M	O	V
H	C	A	N	I	J	A	R	K	U	B	J	I	B	M	D
K	Y	G	T	L	K	D	O	V	O	L	S	O	L	L	U
J	A	P	A	N	F	J	M	S	V	I	P	S	C	O	P

ALBANIJA
KINA
DANSKA
FRANCUSKA
HAITI
INDONEZIJA
IRSKA
JAMAJKA
JAPAN
KENIJA
LAOS
LIBANON
MEKSIKO
UGANDA
PAKISTAN
RUSIJA
SOMALIJA
SUDAN
SIRIJA
UKRAJINA

92 - Jazz

S	V	Đ	P	F	H	Ž	L	M	G	K	H	W	S	S	S
G	A	N	M	U	B	L	A	M	S	E	J	P	T	L	K
M	B	S	G	V	B	I	G	N	S	L	I	I	A	K	L
Y	Z	Y	T	F	G	T	C	K	R	L	O	D	R	T	A
Y	A	K	N	A	V	S	R	Đ	A	V	A	Y	V	U	D
J	L	V	E	O	V	O	N	T	T	K	P	K	M	U	A
N	G	H	L	L	U	O	G	C	S	S	O	L	O	G	T
G	A	N	A	Z	P	K	I	V	E	J	N	B	U	B	E
A	W	T	T	G	R	S	J	Z	K	D	R	S	G	W	L
M	K	G	U	C	I	G	N	H	R	F	U	A	H	B	J
V	H	I	B	I	T	A	N	Z	O	P	B	S	B	A	U
J	R	P	N	N	A	F	A	V	O	R	I	T	I	Y	J
T	G	G	I	H	M	H	B	Y	C	Đ	Y	T	Z	A	U
P	A	U	M	J	E	T	N	I	K	L	A	I	L	R	J
Đ	N	P	C	S	C	T	J	W	N	B	C	V	T	N	T
K	O	N	C	E	R	T	G	N	S	B	M	W	B	J	B

ALBUM
UMJETNIK
POZNATI
PJESMA
SKLADATELJ
SASTAV
KONCERT
FAVORITI
ŽANR
GLAZBA
NOVO
ORKESTAR
RITAM
SOLO
STIL
TALENT
BUBNJEVI
TEHNIKA
STAR

93 - Paysages

T	P	Š	P	I	L	J	A	P	R	L	J	O	C	L	V
U	L	U	J	Đ	Z	K	O	I	O	I	R	G	U	V	U
N	E	H	S	G	S	W	J	P	H	L	J	G	Y	P	L
D	D	O	C	T	Y	K	Đ	L	D	C	U	E	Z	Z	K
R	E	U	V	R	I	U	V	A	K	J	A	O	K	S	A
A	N	H	S	M	T	N	S	Ž	W	T	G	V	T	A	N
R	J	A	P	N	M	Y	J	A	J	Đ	L	F	E	O	C
A	A	C	P	R	L	R	F	A	H	L	Z	K	J	D	K
V	K	O	J	J	E	E	O	R	E	Z	E	J	U	O	F
Č	A	I	L	A	D	Y	A	I	R	O	E	C	M	L	E
O	J	V	W	Đ	E	L	Z	Z	O	M	U	O	Y	I	V
M	J	J	C	W	N	R	A	J	M	J	Š	T	M	N	M
B	F	U	B	Đ	A	U	H	E	V	U	Ć	O	C	A	J
I	J	C	R	L	C	L	K	G	N	P	E	K	R	U	V
C	Đ	E	D	A	P	O	D	O	V	O	K	M	C	K	Z
T	F	G	O	P	L	A	N	I	N	A	Z	U	K	R	Z

VODOPAD
BRDO
PUSTINJA
UŠĆE
RIJEKA
GEJZIR
LEDENJAK
ŠPILJA
LEDENA
OTOK

JEZERO
MOČVARA
MORE
PLANINA
OAZA
POLUOTOK
PLAŽA
TUNDRA
DOLINA
VULKAN

94 - Pays #1

C	C	G	Y	V	T	I	F	M	E	C	N	T	L	F	R
M	B	C	R	Z	F	L	A	J	I	D	N	I	B	I	U
Z	A	P	O	L	J	S	K	A	O	Đ	B	K	D	L	M
E	B	L	C	E	S	M	Š	K	D	N	R	Đ	H	I	U
M	L	W	I	A	Z	S	E	Č	O	A	S	E	B	P	N
T	N	O	E	R	U	J	V	A	K	S	N	I	F	I	J
Z	O	C	B	Z	I	L	R	M	F	J	I	A	J	N	S
G	I	E	N	I	B	Y	O	E	D	F	F	B	K	I	K
L	I	B	I	J	A	H	N	J	M	A	R	O	K	O	A
B	H	Y	N	A	T	S	I	N	A	G	F	A	O	P	S
J	R	U	P	J	E	K	V	A	D	O	R	H	P	A	A
U	P	A	V	G	A	R	A	K	I	N	L	K	P	N	Đ
U	N	G	Z	Š	P	A	N	J	O	L	S	K	A	A	I
H	S	A	N	I	T	N	E	G	R	A	F	I	H	M	O
A	I	B	L	U	L	N	D	W	S	L	O	D	H	A	M
V	E	N	E	Z	U	E	L	A	A	S	K	G	P	T	G

AFGANISTAN
NJEMAČKA
ARGENTINA
BRAZIL
KANADA
ŠPANJOLSKA
EKVADOR
FINSKA
INDIJA
IZRAEL
LIBIJA
MALI
MAROKO
NIKARAGVA
NORVEŠKA
PANAMA
FILIPINI
POLJSKA
RUMUNJSKA
VENEZUELA

95 - Nombres

D	D	S	E	D	A	M	C	N	W	Š	G	Đ	J	V	S
E	L	V	J	H	D	V	V	T	S	E	A	N	I	R	T
V	V	K	A	T	R	I	P	E	W	S	O	P	P	H	B
E	O	Y	M	D	N	T	C	V	A	T	S	E	N	K	Z
T	T	V	H	D	E	M	V	E	S	S	A	T	U	C	N
N	F	H	U	N	N	S	P	D	D	E	M	N	N	L	M
A	W	H	U	B	L	N	E	L	P	A	N	A	H	G	I
E	K	D	E	F	F	E	P	T	B	N	A	E	H	Đ	T
S	T	S	E	A	N	M	A	D	E	S	E	S	I	E	L
T	H	J	N	C	N	I	Y	F	V	E	S	T	H	D	Z
U	O	R	U	S	I	K	T	L	Đ	Š	T	Y	T	O	T
G	S	K	L	E	D	M	Č	E	T	R	N	A	E	S	T
Z	Y	I	A	R	V	D	A	N	O	U	M	N	S	F	I
A	R	P	T	R	A	M	R	L	U	S	W	J	E	T	T
Č	E	T	I	R	I	T	S	E	A	N	A	V	D	J	F
P	E	T	S	V	V	N	E	V	I	I	D	M	O	F	K

PET
DVA
DECIMALA
DESET
OSAMNAEST
DEVETNAEST
SEDAMNAEST
DVANAEST
OSAM
DEVET

ČETRNAEST
ČETIRI
PETNAEST
ŠESNAEST
SEDAM
ŠEST
TRINAEST
TRI
DVADESET
NULA

96 - Psychologie

O	G	Z	H	J	A	J	I	C	P	E	C	R	E	P	Y
G	S	O	K	C	D	K	W	B	K	Đ	K	W	M	K	W
E	N	J	G	T	U	L	P	A	N	E	J	C	O	R	P
J	E	M	E	L	B	O	R	P	C	S	J	E	C	S	K
E	S	D	J	Ć	W	T	V	Y	I	Đ	M	U	I	S	L
D	V	O	N	R	A	V	T	S	U	K	S	I	J	N	I
I	J	V	A	M	B	J	B	S	B	P	N	L	E	O	N
E	E	T	Š	O	F	J	E	G	O	H	Y	S	V	V	I
R	S	S	A	D	S	E	U	K	K	N	P	I	Y	I	Č
V	N	J	N	B	U	O	Z	N	U	F	R	M	W	U	K
B	O	N	O	Đ	A	F	B	I	S	G	L	A	T	B	I
A	J	I	P	A	R	E	T	N	R	M	C	I	V	C	W
C	U	T	J	E	C	A	J	I	O	E	D	Z	D	T	B
E	P	E	C	Y	H	N	H	U	H	S	V	B	L	W	S
Đ	A	J	A	N	Z	O	P	S	G	L	T	T	H	B	C
B	W	D	P	F	E	H	S	G	Đ	O	B	Y	O	O	A

KLINIČKI
SPOZNAJA
PONAŠANJE
SUKOB
EGO
DJETINJSTVO
ISKUSTVA
EMOCIJE
PROCJENA
IDEJE

NESVJESNO
UTJECAJI
MISLI
PERCEPCIJA
OSOBNOST
PROBLEM
STVARNOST
SNOVI
OSJEĆAJ
TERAPIJA

97 - Nature

T	O	I	F	R	L	A	C	H	K	N	I	A	D	L	P
E	K	J	Z	D	I	V	L	J	I	M	N	A	T	I	B
T	R	O	P	S	K	I	M	K	T	I	P	D	H	Š	G
Š	S	Y	F	G	A	C	A	R	K	R	H	Č	W	Ć	R
I	K	L	W	J	J	A	G	L	R	N	Y	U	E	E	K
T	L	P	M	L	N	L	L	E	A	O	R	D	Z	L	K
E	O	L	N	B	E	B	A	Đ	R	B	V	B	T	I	E
V	N	K	R	W	D	O	Đ	T	L	O	B	S	L	D	G
S	I	Š	S	Đ	E	Z	L	K	Đ	M	Z	D	I	V	G
Y	Š	T	U	L	L	R	J	K	E	S	Z	I	C	J	U
R	T	I	A	M	R	I	J	E	K	A	C	W	J	U	U
O	E	H	Y	I	A	T	O	P	E	J	L	U	F	A	E
Y	H	D	H	Đ	Y	Ž	I	V	O	T	I	N	J	E	W
D	I	N	A	M	I	Č	A	N	A	J	O	K	O	P	S
P	U	S	T	I	N	J	A	R	R	H	M	F	T	J	U
S	Đ	Z	H	T	M	R	A	K	R	C	M	Đ	U	Y	Y

PČELE
SKLONIŠTE
ŽIVOTINJE
ARKTIK
LJEPOTA
MAGLA
PUSTINJA
DINAMIČAN
EROZIJA
LIŠĆE
RIJEKA
ŠUMA
LEDENJAK
OBLACI
MIRNO
SVETIŠTE
DIVLJI
SPOKOJAN
TROPSKI
BITAN

98 - Chimie

N	T	E	K	U	Ć	I	N	A	Z	P	E	K	J	V	A
U	L	M	E	T	O	P	L	I	N	A	S	I	O	G	V
K	U	J	E	U	G	L	J	I	K	R	Đ	S	S	O	L
L	U	E	Đ	C	H	Z	C	V	R	L	Y	I	Z	C	Z
E	A	W	W	K	Y	J	A	N	O	R	T	K	E	L	E
A	L	U	K	E	L	O	M	C	T	D	Z	V	H	L	H
R	F	W	W	M	Y	D	T	G	A	N	I	Đ	J	J	Đ
N	B	Z	G	G	K	C	E	U	Z	S	S	K	F	I	H
I	Y	J	L	V	L	F	M	K	I	I	H	Đ	N	E	Y
K	Z	R	T	U	K	J	L	T	L	W	S	O	T	L	I
W	K	A	O	P	A	R	U	T	A	R	E	P	M	E	T
K	I	S	E	L	I	N	A	D	T	P	O	V	V	M	D
A	T	O	M	S	K	I	D	K	A	K	L	S	Z	E	I
H	P	T	E	Ž	I	N	A	Đ	K	F	M	I	Z	N	E
P	K	U	U	M	E	T	A	L	I	D	B	N	N	T	N
B	Z	K	I	S	I	O	N	K	J	U	O	A	U	I	V

KISELINA
ATOMSKI
UGLJIK
KATALIZATOR
TOPLINA
KLOR
ENZIM
ELEKTRON
ELEMENTI
PLIN

VODIK
ION
TEKUĆINA
METALI
MOLEKULA
NUKLEARNI
KISIK
TEŽINA
SOL
TEMPERATURA

99 - Bateaux

K	A	J	A	K	R	A	N	R	O	M	D	N	J	V	M
S	C	S	Đ	U	I	P	O	S	A	D	A	Đ	S	R	O
T	I	Z	L	E	J	P	O	M	O	R	S	K	I	Y	R
A	L	D	T	K	E	J	A	R	T	J	A	H	T	A	E
O	I	G	R	C	K	Ž	V	Y	G	R	O	T	O	M	J
F	R	V	M	O	A	D	U	A	Y	L	W	N	C	D	Đ
J	D	F	E	F	Č	J	N	M	L	T	G	A	E	P	U
F	E	B	U	D	A	J	A	I	L	O	B	R	A	J	T
E	J	I	F	K	T	L	K	L	V	Y	V	V	N	E	O
H	D	Đ	V	W	U	K	Z	P	N	O	A	I	C	Y	S
L	I	Y	H	L	L	H	U	V	R	D	L	V	Đ	T	U
E	G	S	S	Z	P	M	V	V	O	Y	P	I	N	C	G
U	B	P	L	T	J	E	Z	E	R	O	S	N	L	L	K
U	G	I	R	M	H	V	J	A	T	I	L	I	Đ	Y	T
D	T	P	C	A	D	P	Y	I	P	C	S	G	U	C	N
Đ	B	B	F	G	Đ	H	P	T	E	T	T	F	K	D	D

SIDRO
PLUTAČA
KANU
UŽE
POSADA
TRAJEKT
RIJEKA
KAJAK
JEZERO
PLIMA
MORNAR
JARBOL
MORE
MOTOR
POMORSKI
OCEAN
SPLAV
VALOVI
JEDRILICA
JAHTA

100 - Mesures

T	P	H	S	T	N	C	L	G	S	S	R	I	W	G	H
R	E	W	H	T	M	Y	N	U	O	H	T	Y	I	V	L
P	Z	Ž	P	I	O	S	K	O	T	V	W	D	T	C	M
P	G	I	I	I	P	U	N	C	A	Z	A	E	T	M	U
V	A	A	O	N	E	M	U	L	O	V	L	T	C	S	J
J	F	Đ	D	R	A	T	E	M	A	Z	A	H	P	T	E
M	D	F	Đ	A	N	T	P	M	N	T	M	Đ	Đ	U	R
E	C	Y	H	T	I	C	U	V	I	S	I	N	A	P	Đ
D	A	M	T	E	B	O	A	N	R	Y	C	A	N	A	M
E	N	P	W	M	U	I	N	Č	I	D	E	G	O	N	U
L	Z	G	A	O	D	K	H	V	Š	M	D	Y	T	J	J
K	I	T	I	L	C	E	N	T	I	M	E	T	A	R	C
G	Y	T	J	I	G	C	A	A	Z	A	J	S	S	B	O
M	D	F	R	K	L	Đ	T	Z	Y	R	N	U	A	A	F
I	M	H	H	A	K	K	I	L	O	G	R	A	M	J	J
K	Đ	D	U	Ž	I	N	A	A	V	Đ	I	P	M	T	A

CENTIMETAR
STUPANJ
DECIMALA
GRAM
VISINA
KILOGRAM
KILOMETAR
ŠIRINA
LITRA
DUŽINA
MASA
METAR
MINUTA
BAJT
UNCA
TEŽINA
INČ
DUBINA
TONA
VOLUMEN

1 - Adjectifs #2

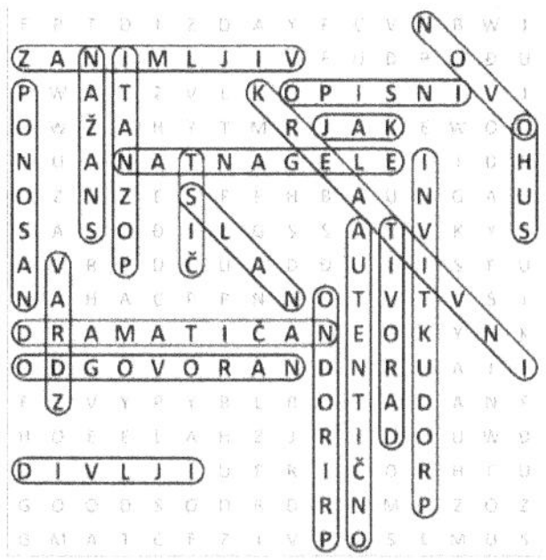

2 - Formes

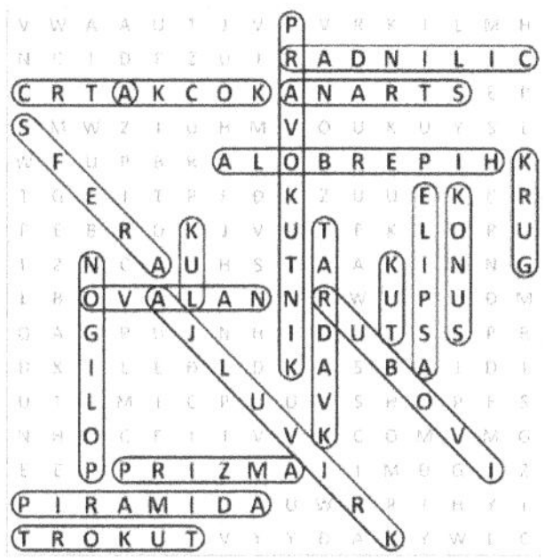

3 - Force et Gravité

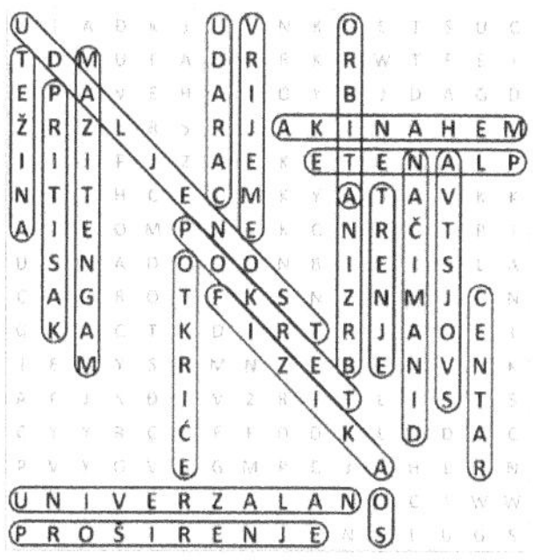

4 - Adjectifs #1

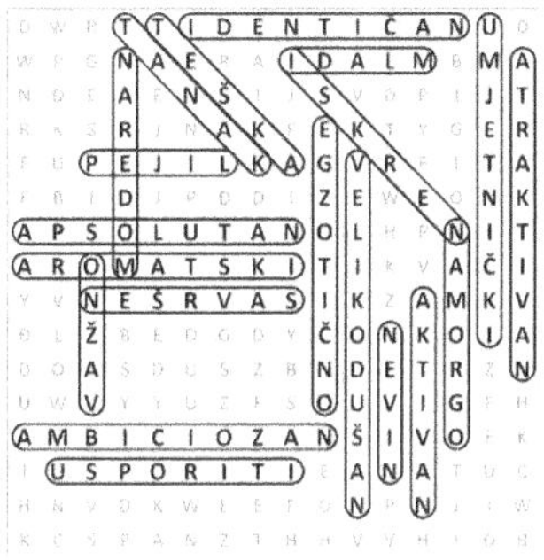

5 - Instruments de Musique

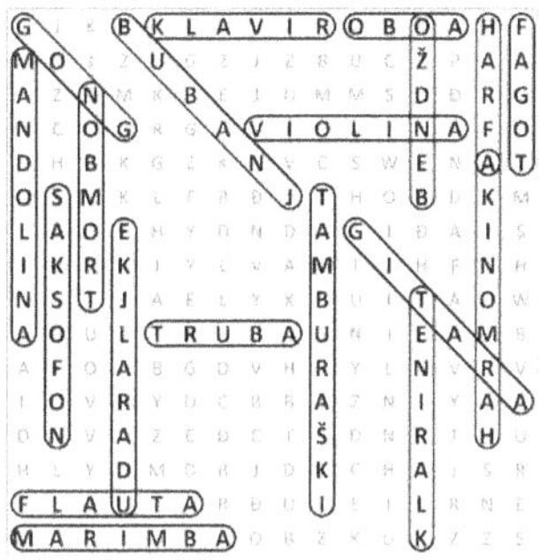

6 - Échecs

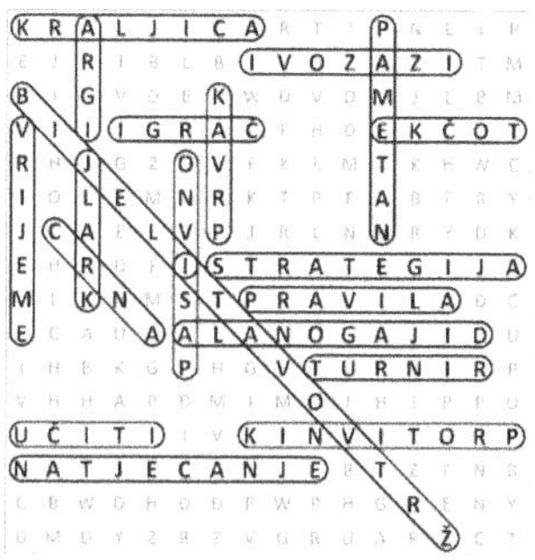

7 - Herboristerie

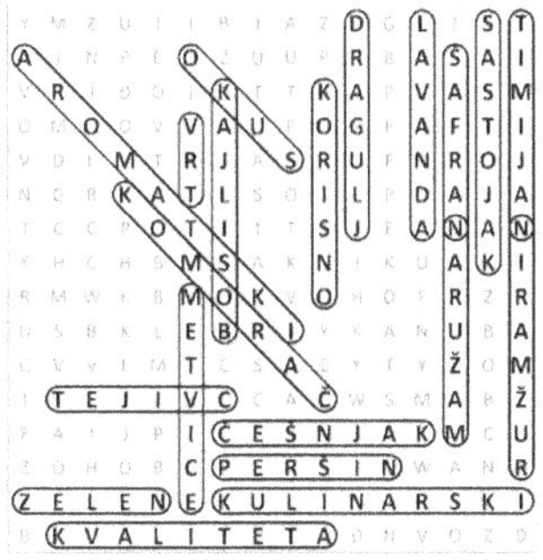

8 - Photographie

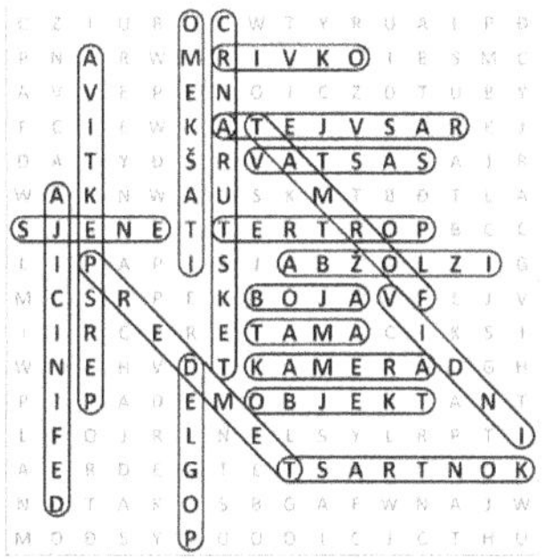

9 - Véhicules

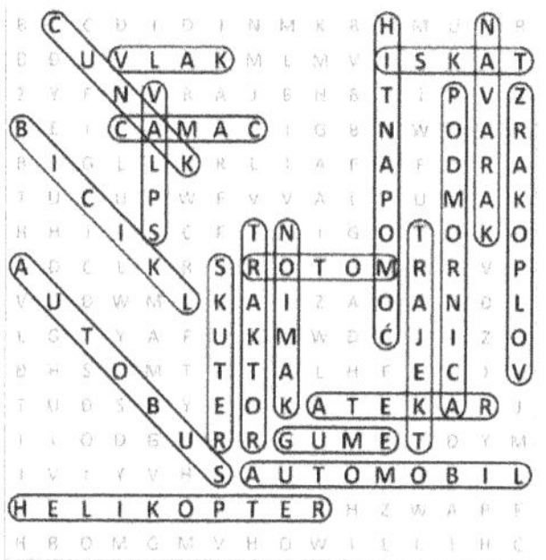

10 - Camping

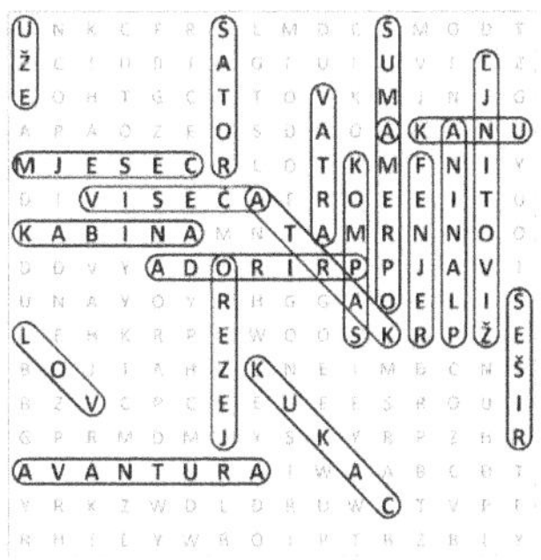

11 - Écologie

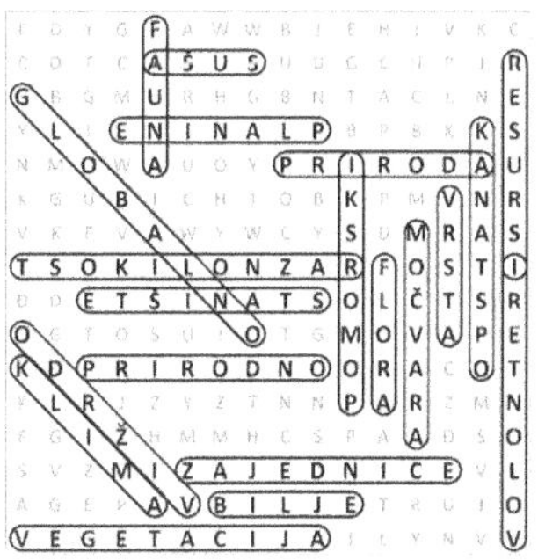

12 - Géométrie

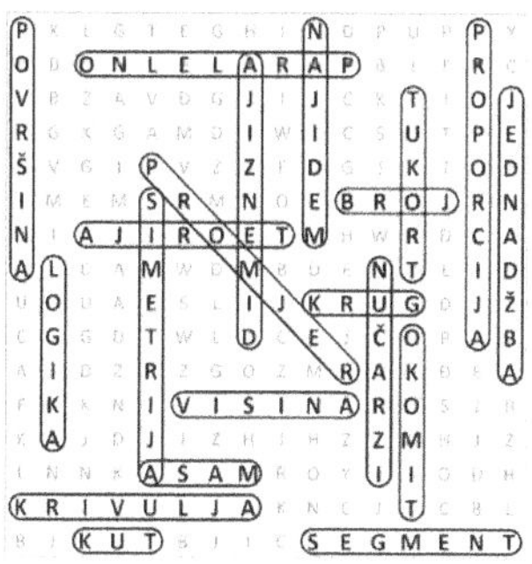

13 - Les Médias

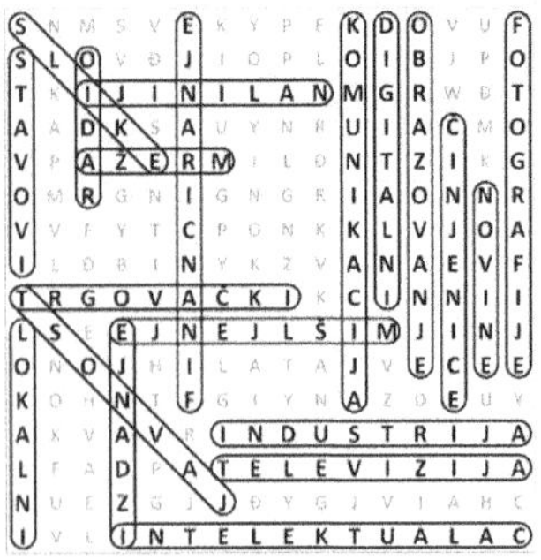

14 - Diplomatie

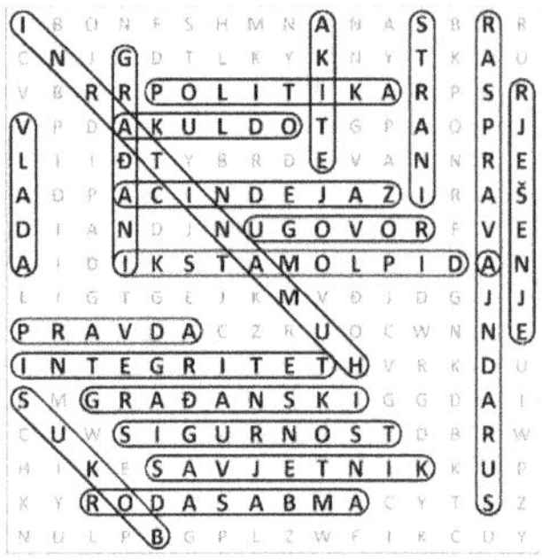

15 - Électricité

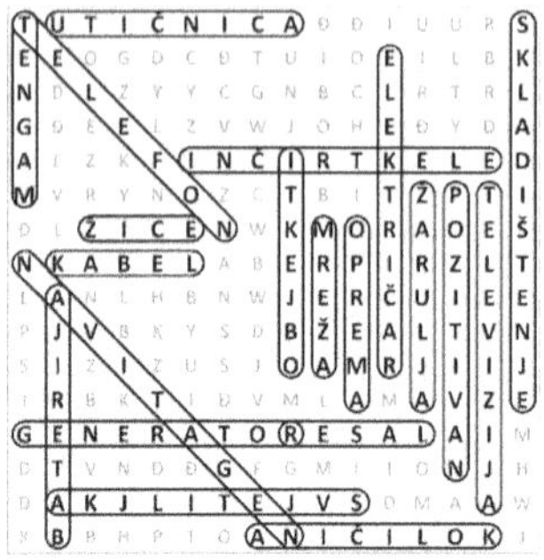

16 - Astronomie

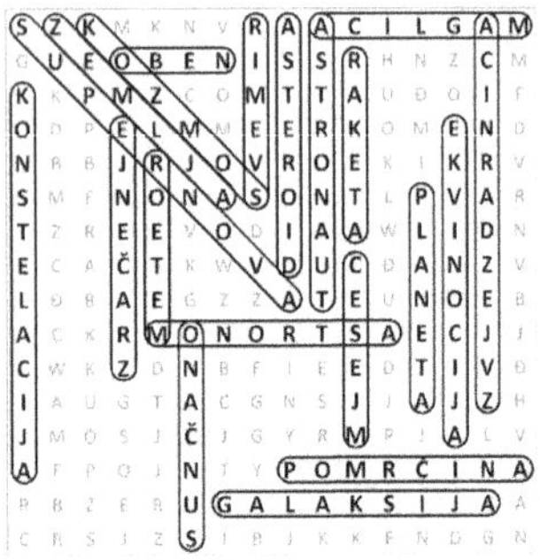

17 - Physique

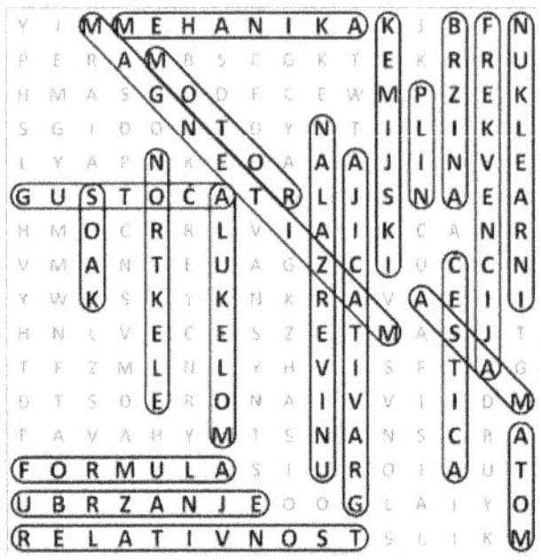

18 - Types de Cheveux

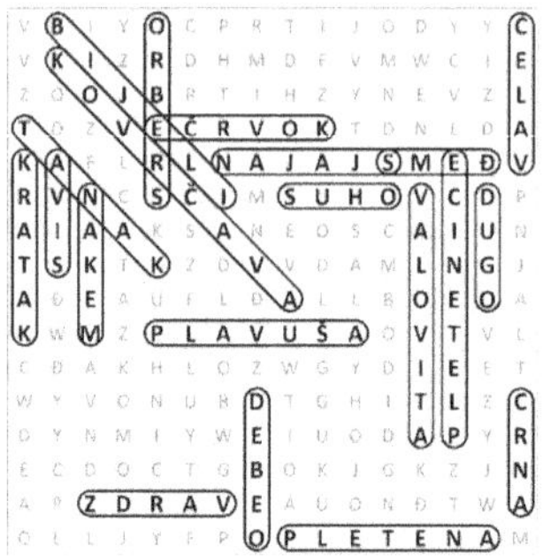

19 - Archéologie

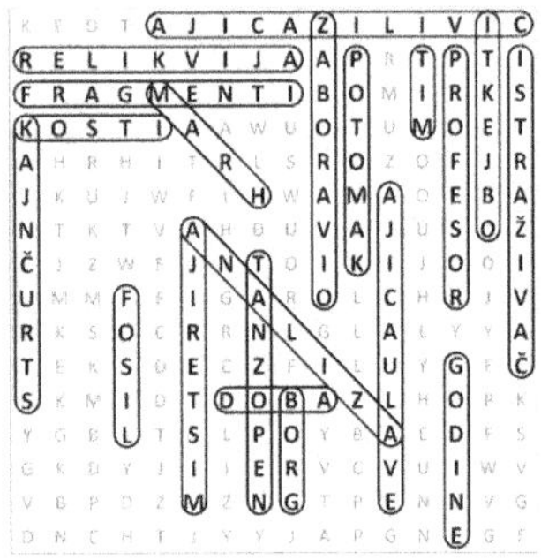

20 - Mammifères

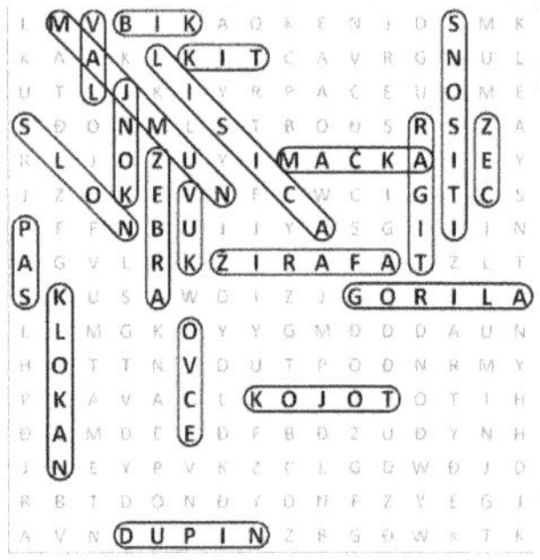

21 - Chocolat

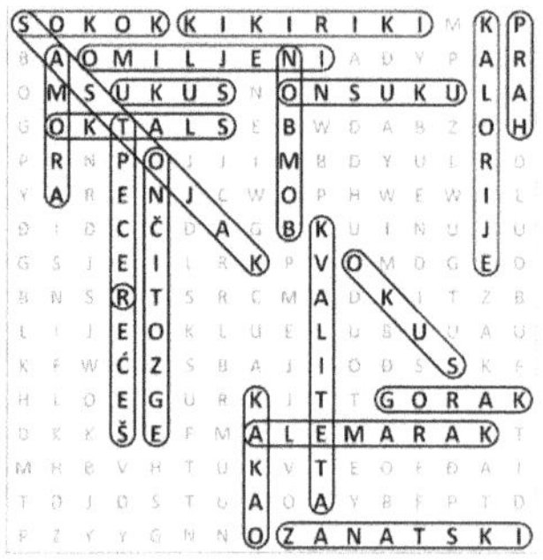

22 - Mathématiques

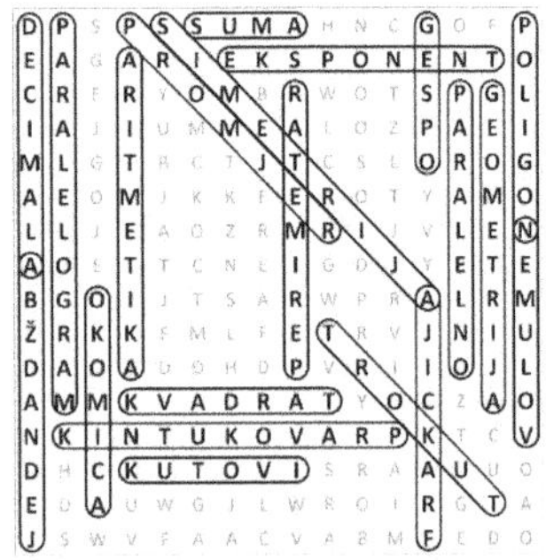

23 - Sport

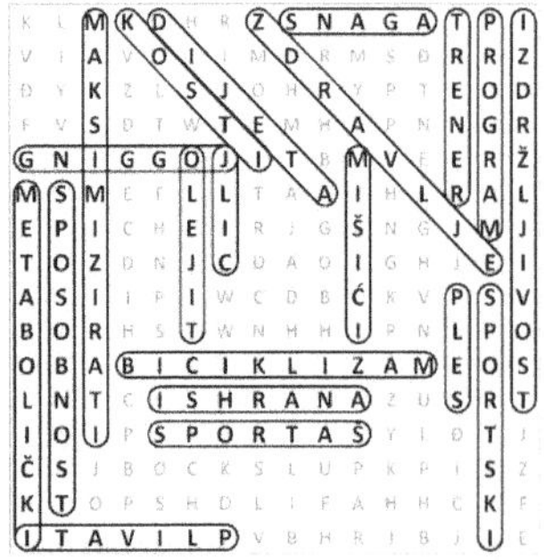

24 - Mythologie

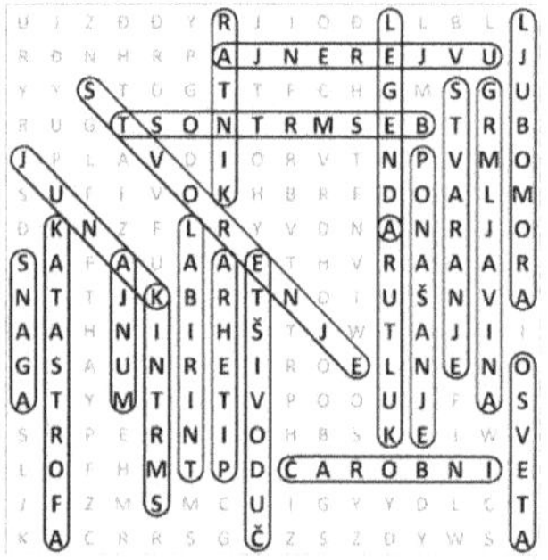

25 - Restaurant #2

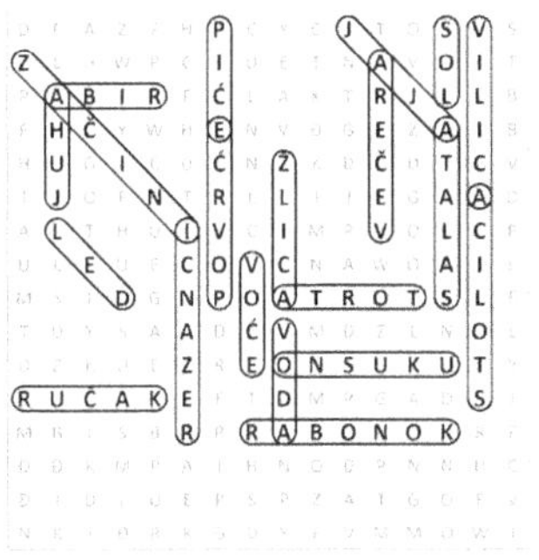

26 - Beauté

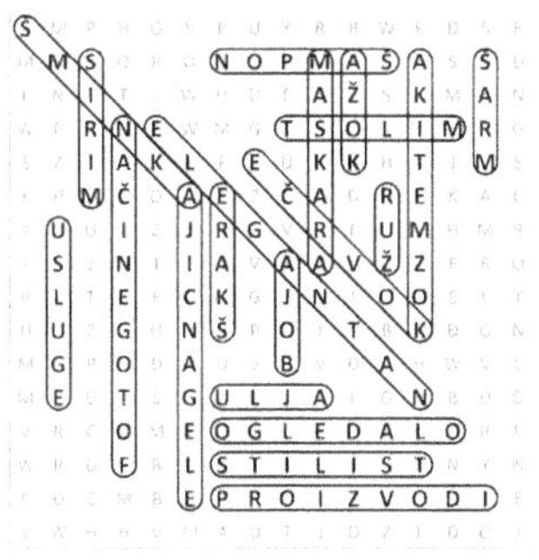

27 - Avions

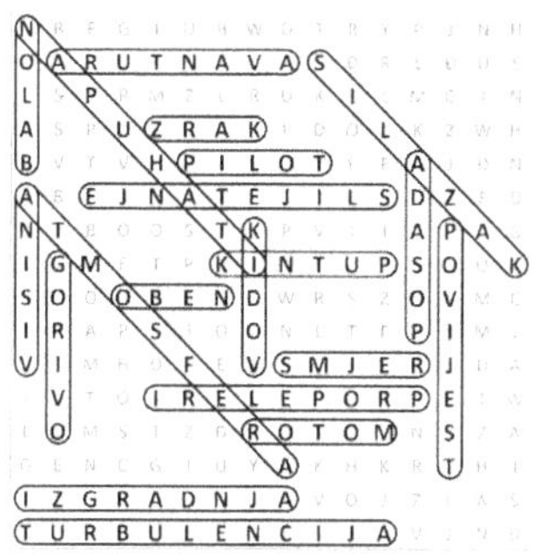

28 - Aventure

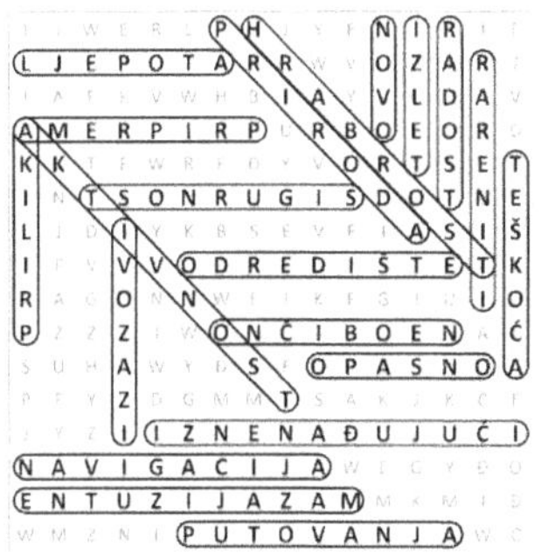

29 - Ville

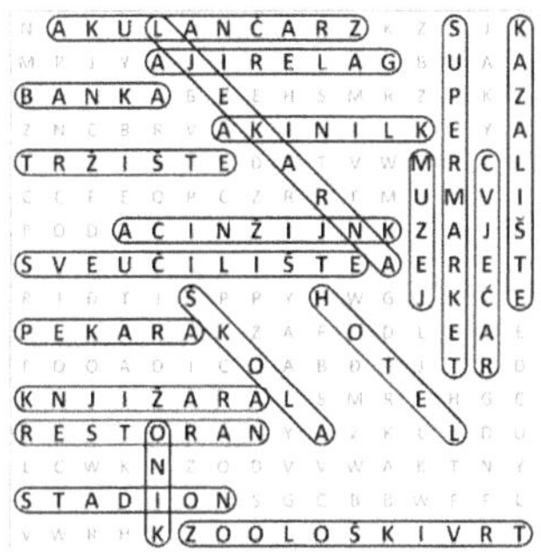

30 - Ingénierie

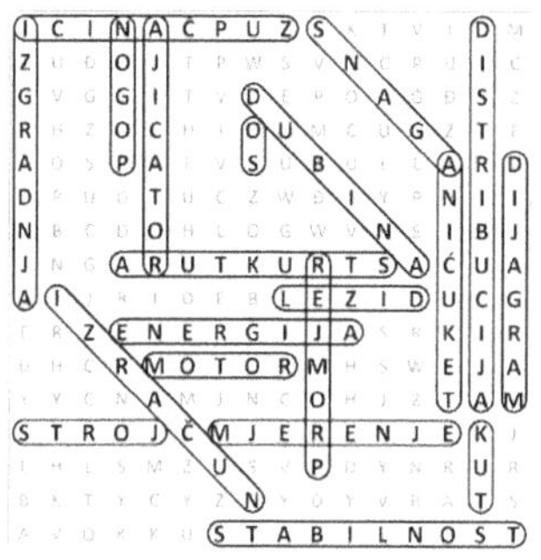

31 - Énergie

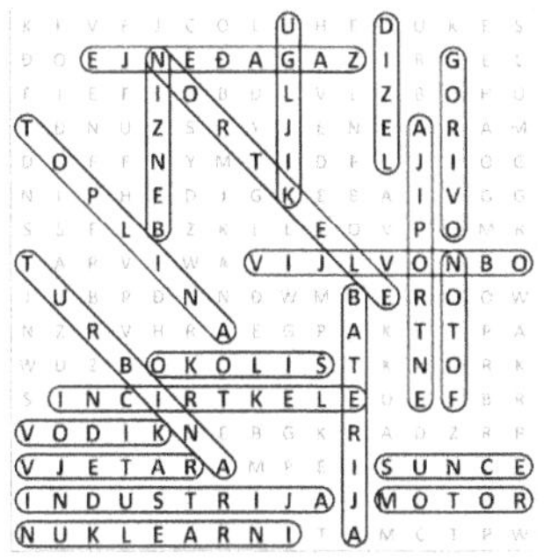

32 - Corps Humain

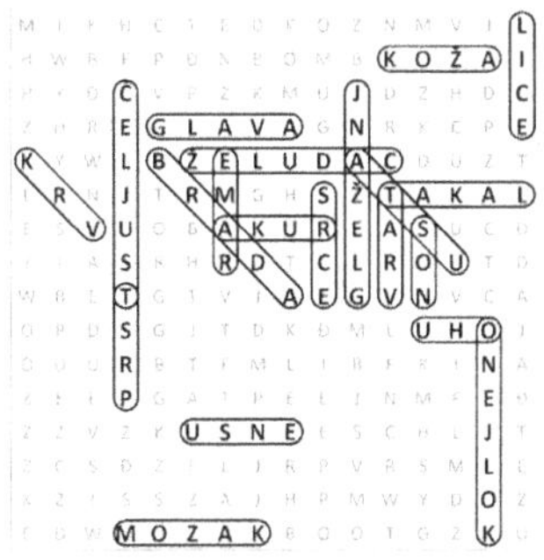

33 - Biologie

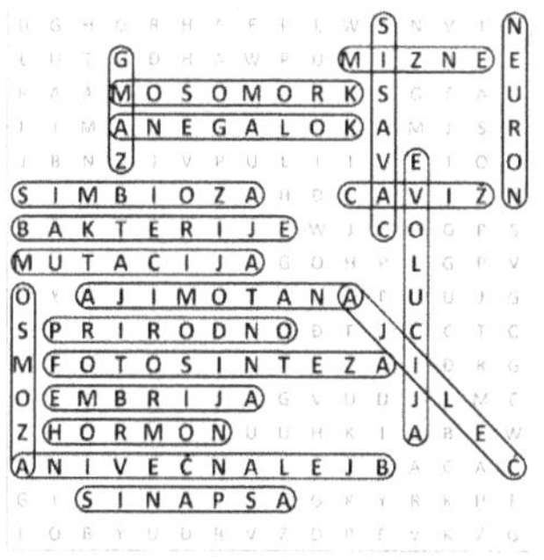

34 - Épices

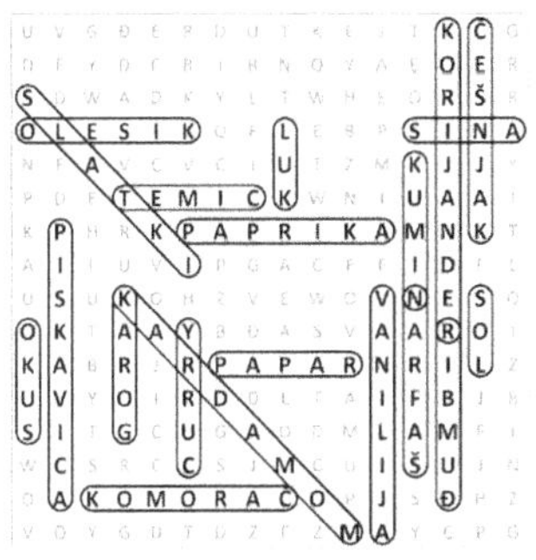

35 - Agronomie

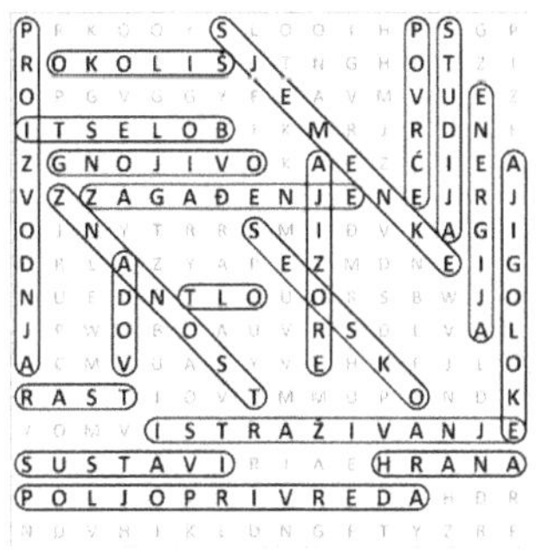

36 - Science

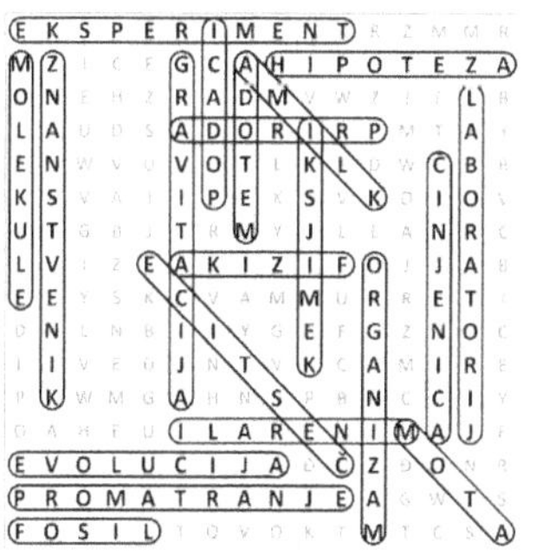

37 - Vêtements

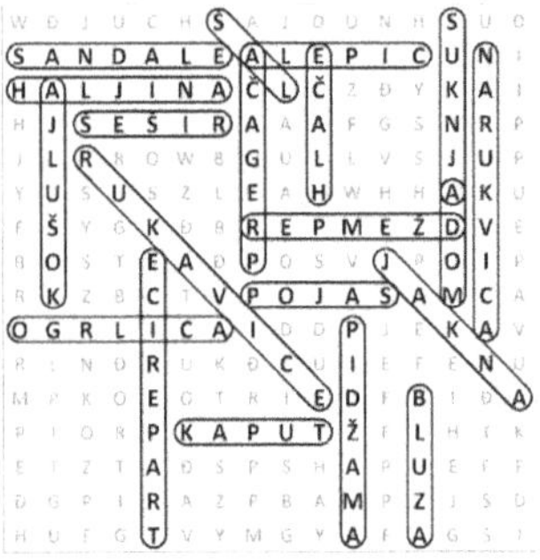

38 - Méditation

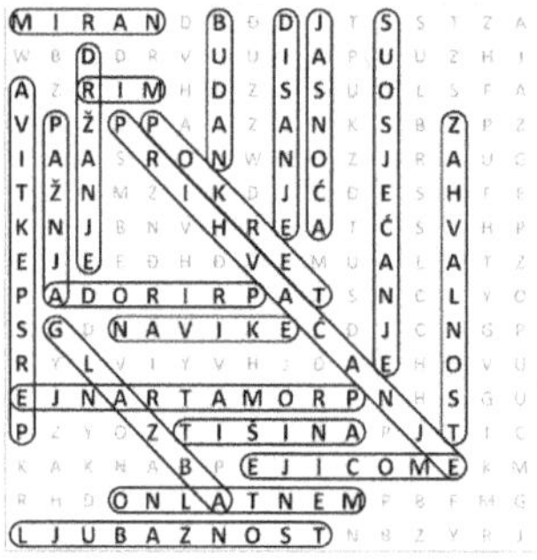

39 - Littérature

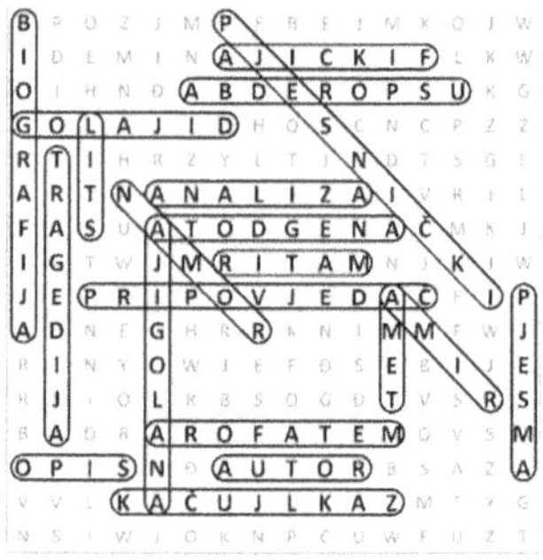

40 - Nourriture #1

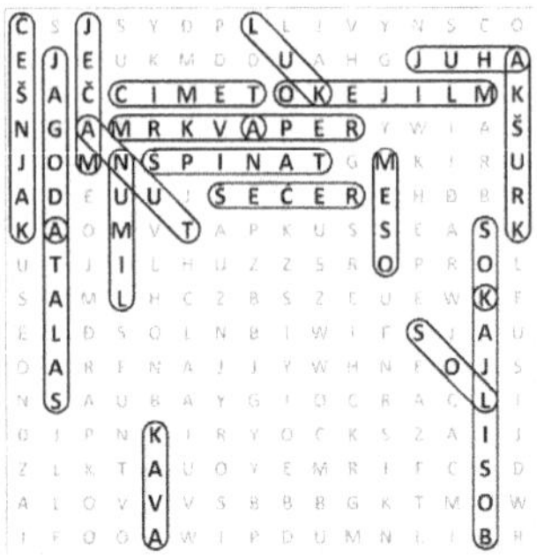

41 - Jours et Mois

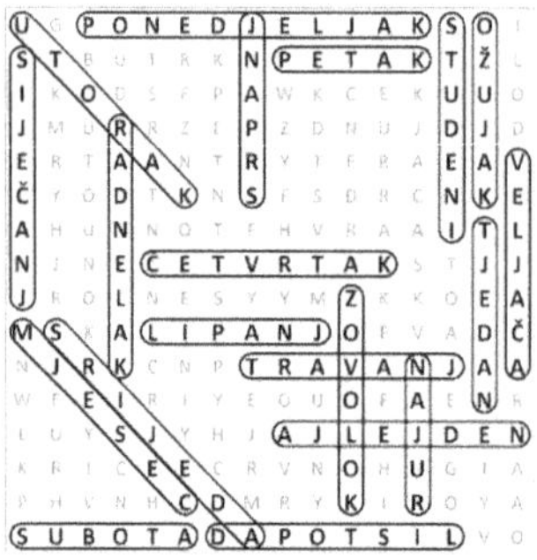

42 - Jardinage

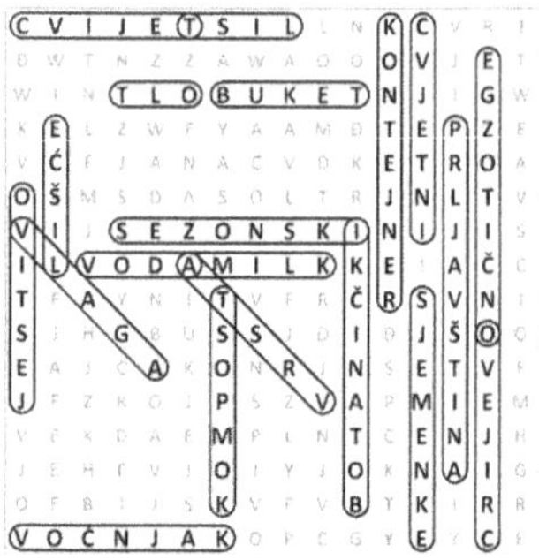

43 - Entreprise

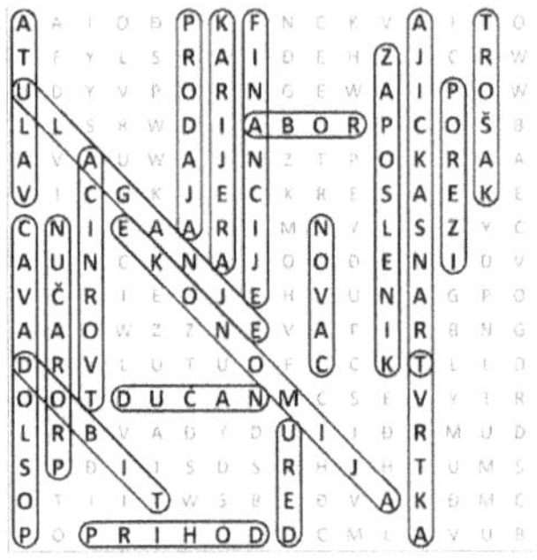

44 - Activités

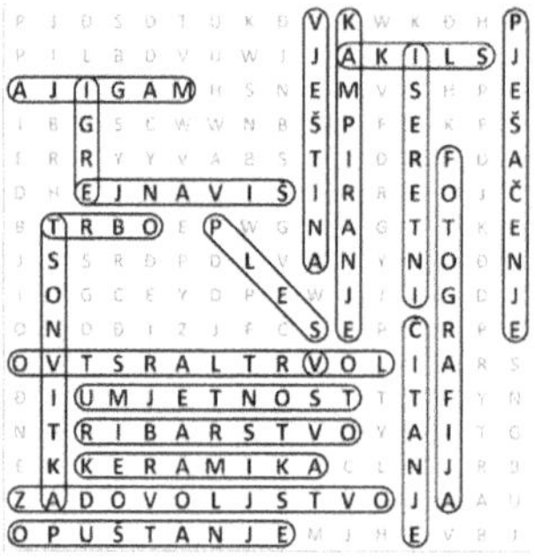

45 - Fleurs

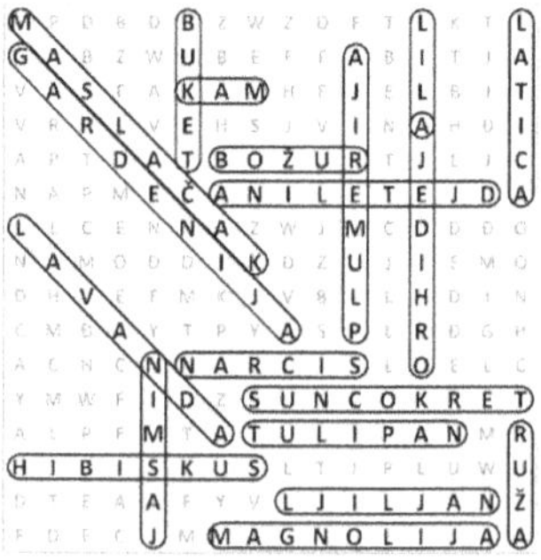

46 - Nourriture #2

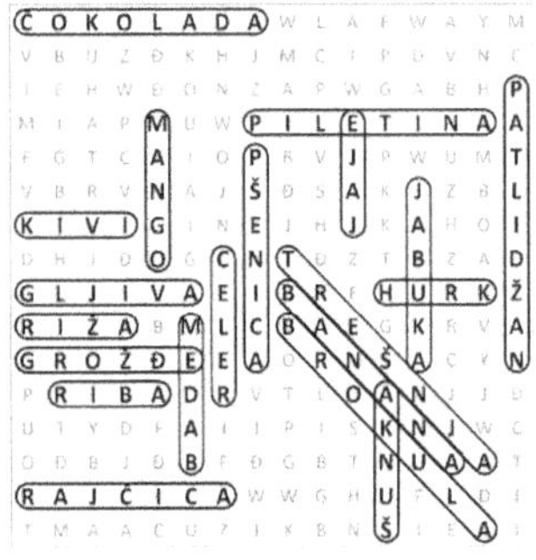

47 - Algèbre

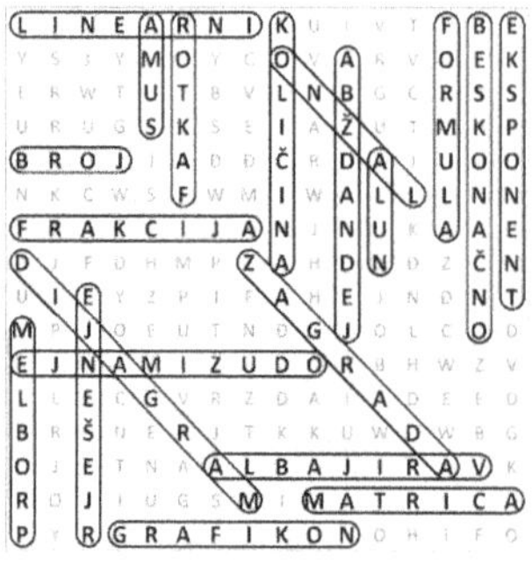

48 - Océan

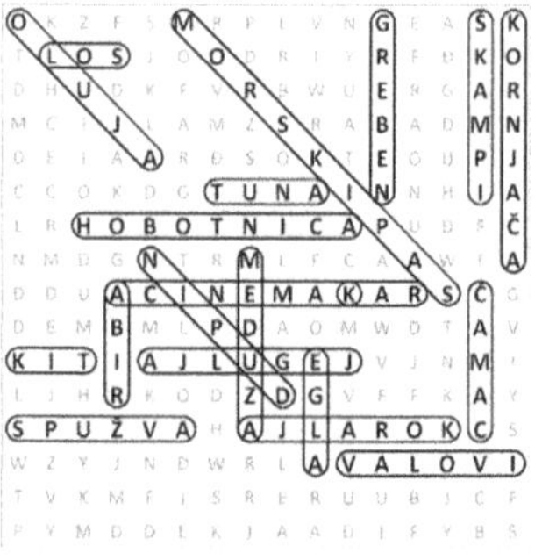

49 - Antiquités

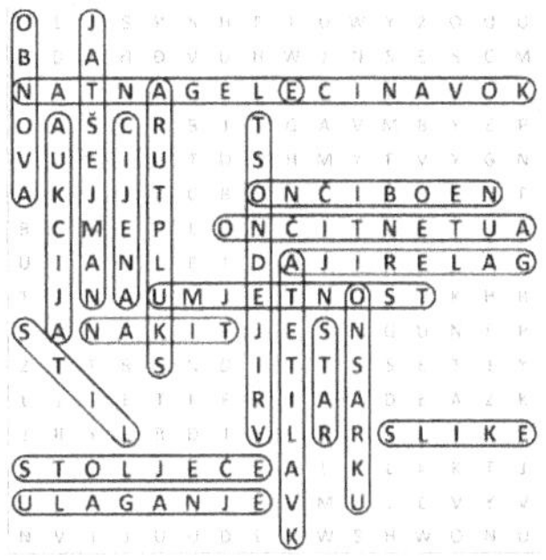

50 - Réchauffement Cli

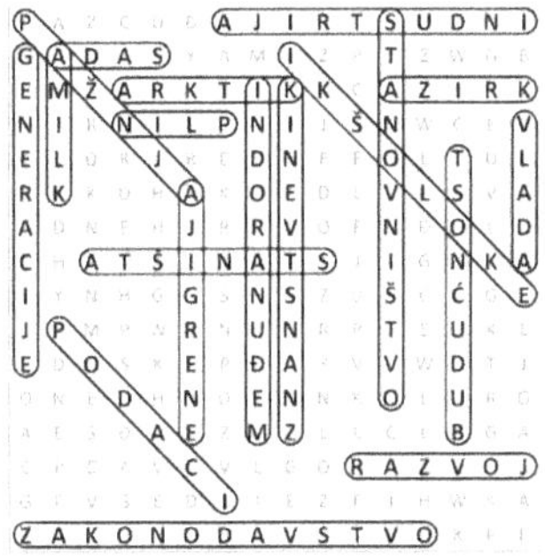

51 - Ballet

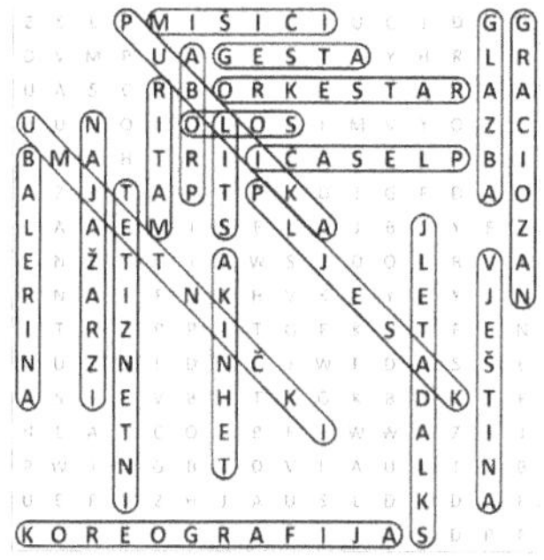

52 - Fruit

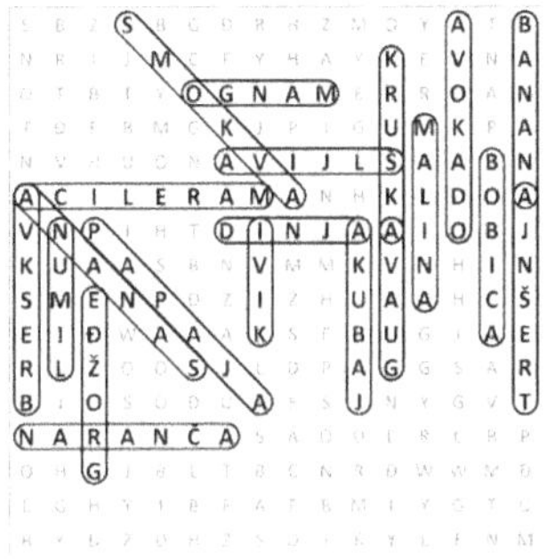

53 - Musique

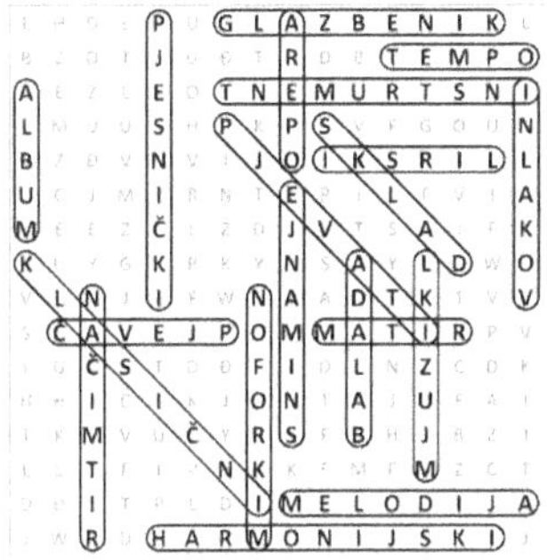

54 - Météo

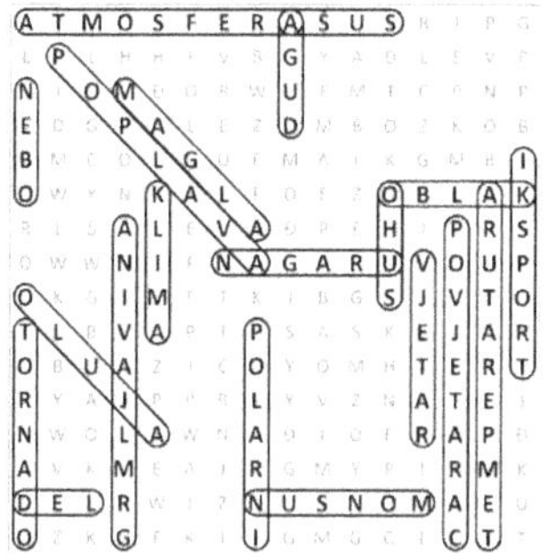

55 - L'Entreprise

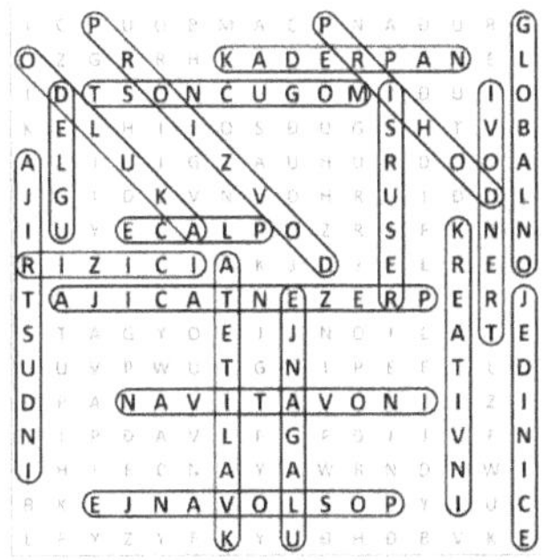

56 - Gouvernement

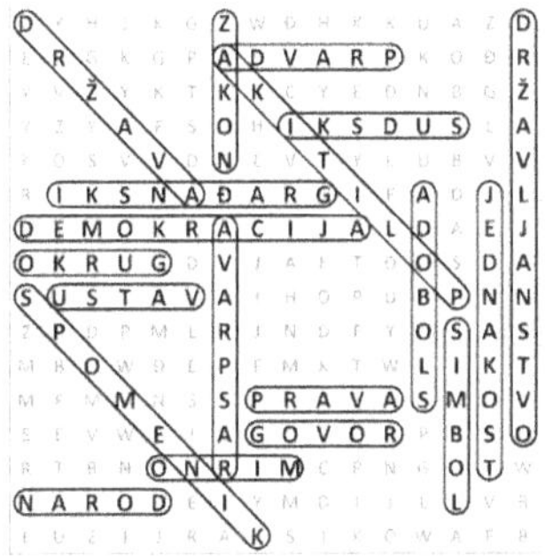

57 - Randonnée

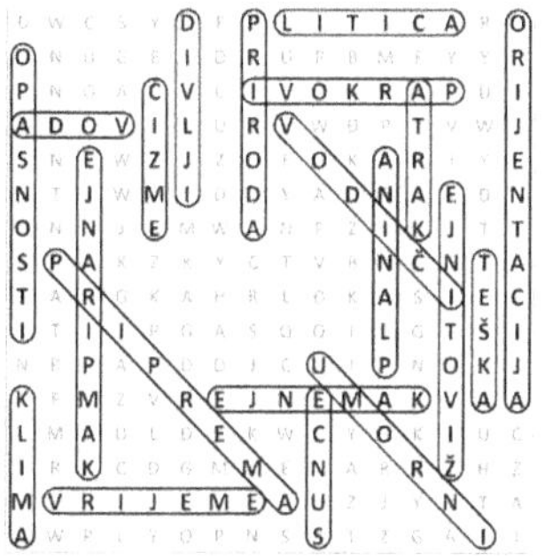

58 - Nutrition

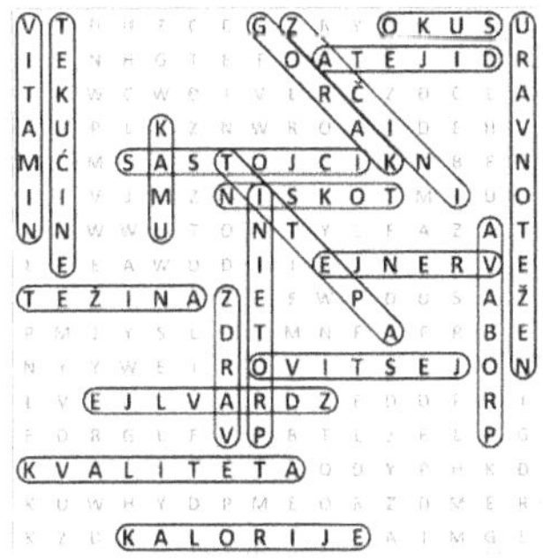

59 - Créativité

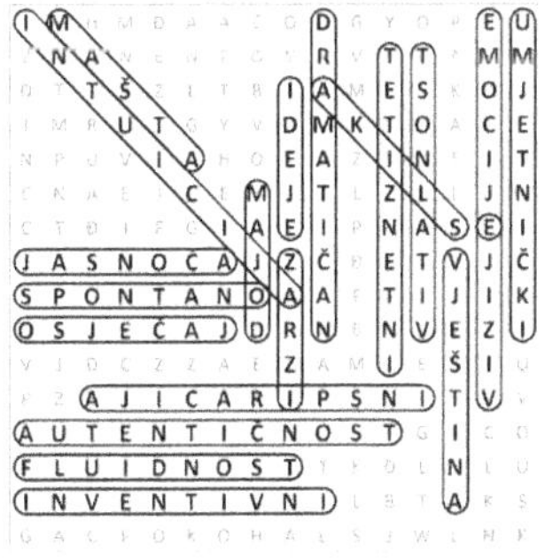

60 - Science Fiction

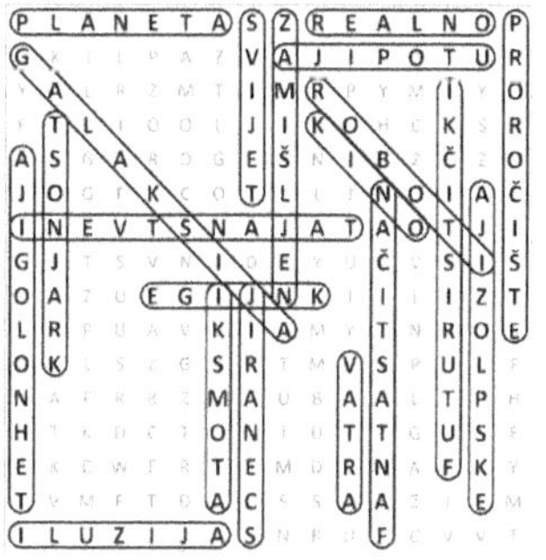

61 - Professions #1

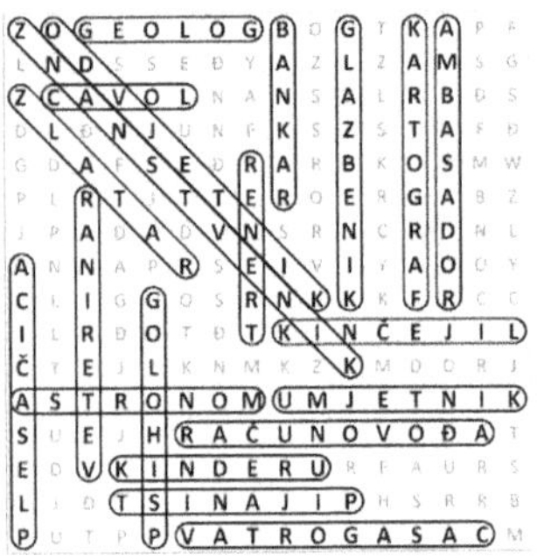

62 - Géologie

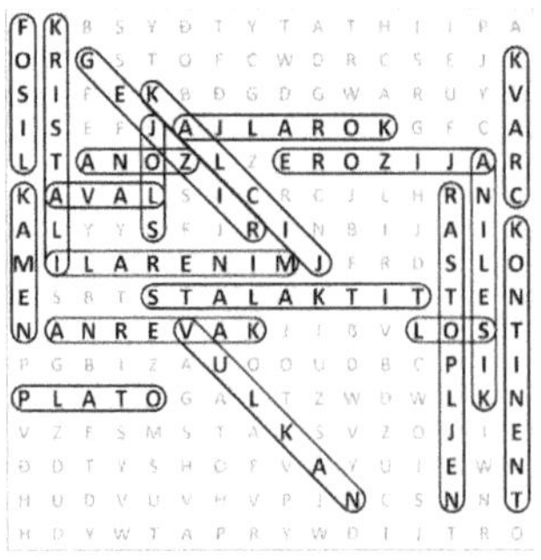

63 - Jardin

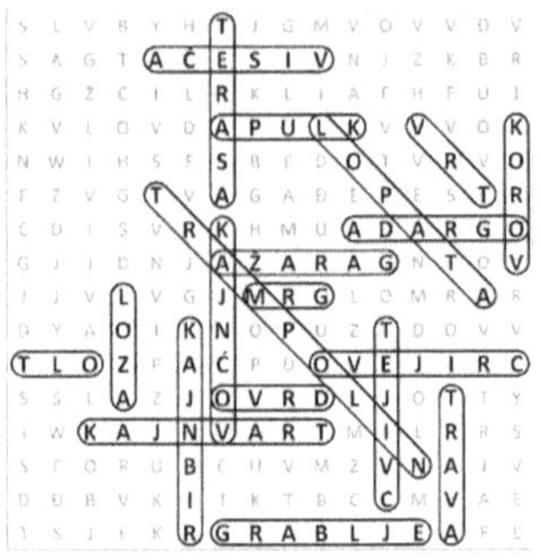

64 - Santé et Bien Être #1

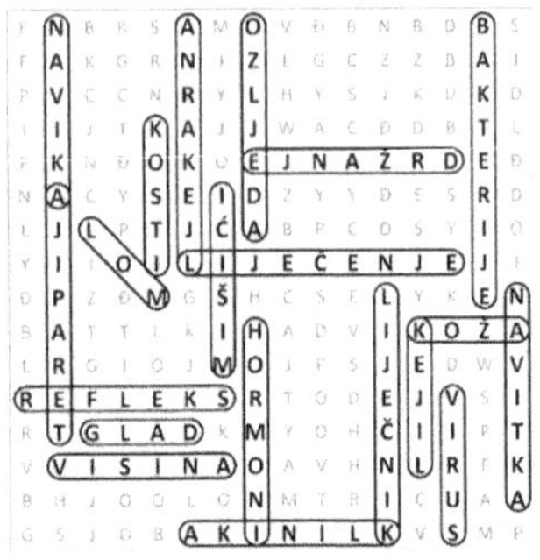

65 - Barbecues

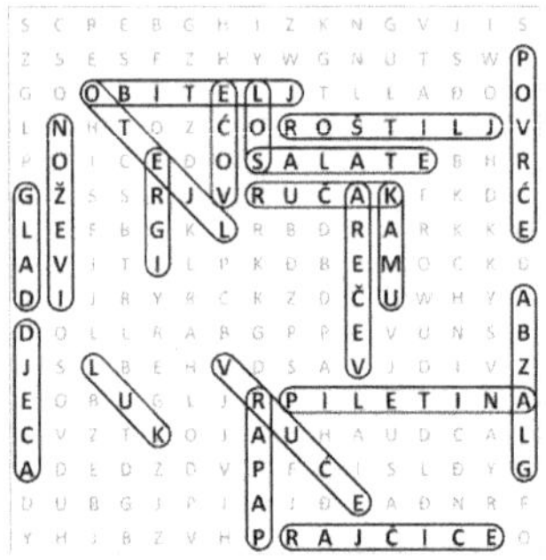

66 - Forêt Tropicale

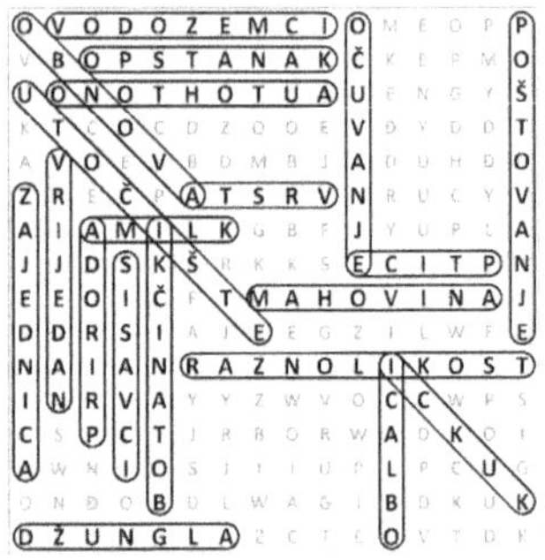

67 - Ferme #1

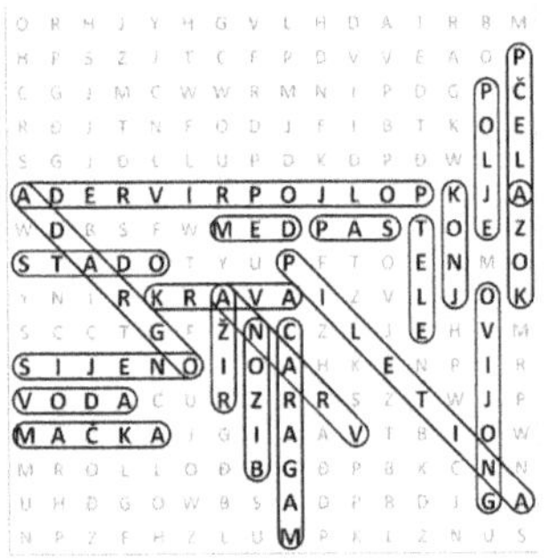

68 - Café

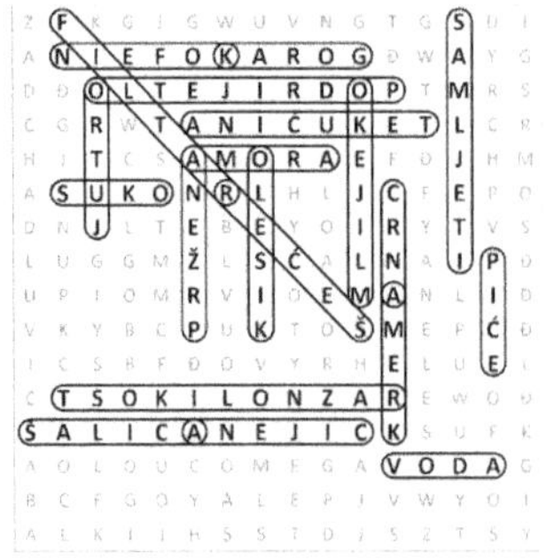

69 - Antarctique

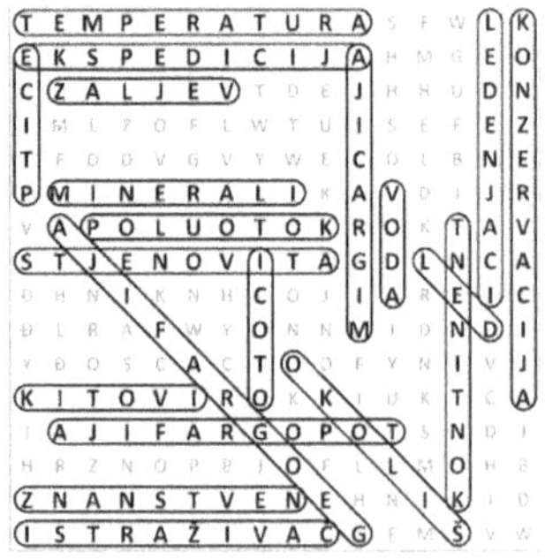

70 - Professions #2

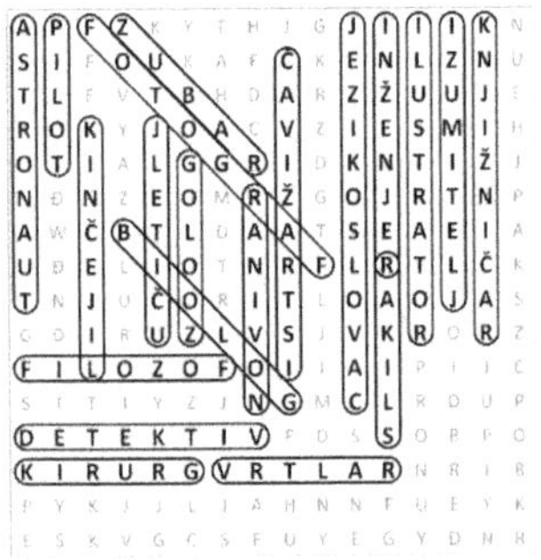

71 - Les Abeilles

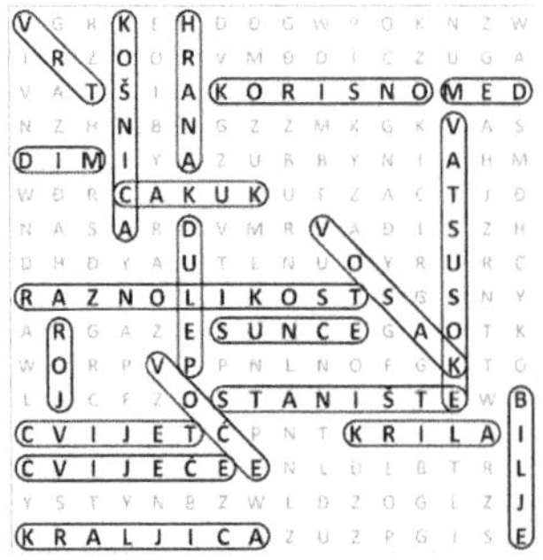

72 - Santé et Bien Être #2

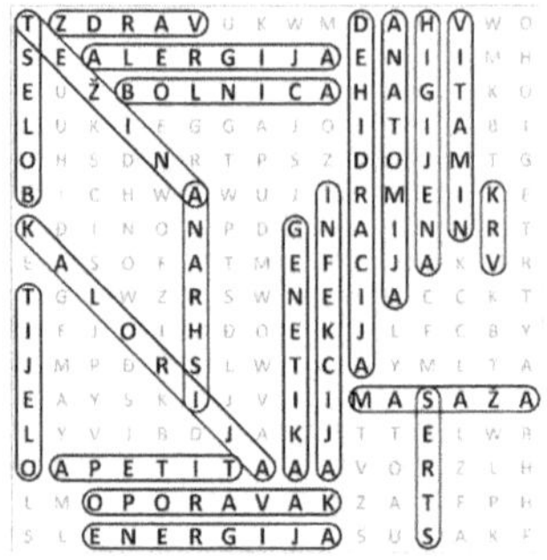

73 - Conduite

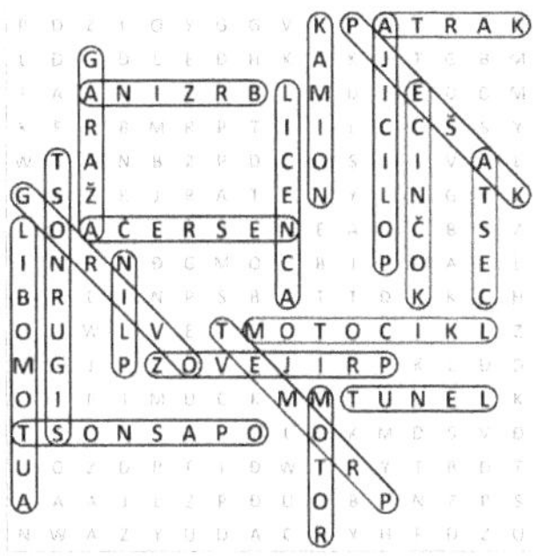

74 - Plantes

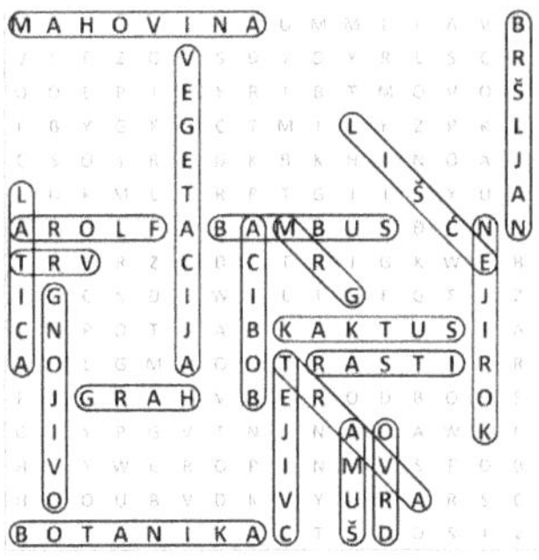

75 - Ferme #2

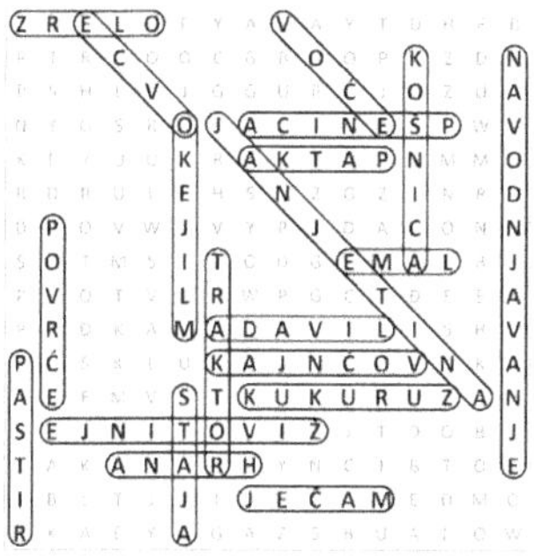

76 - Vacances #2

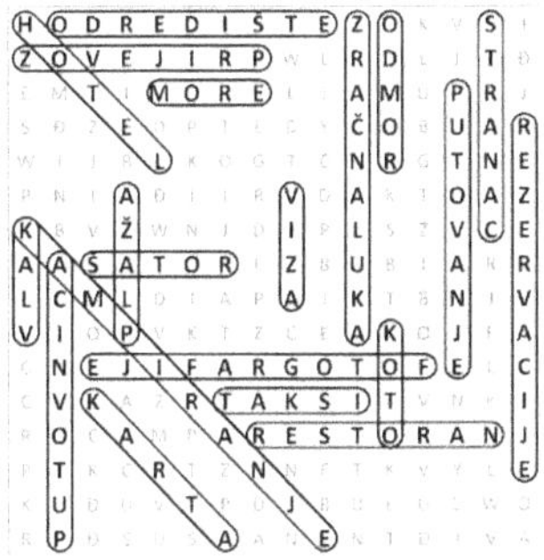

77 - Temps

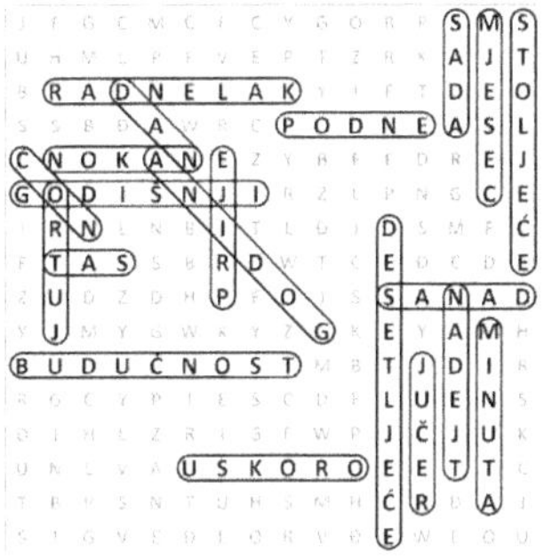

78 - Immigration

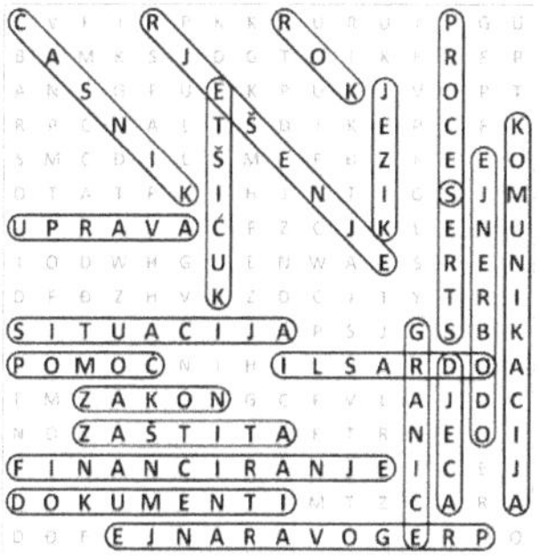

79 - Maison

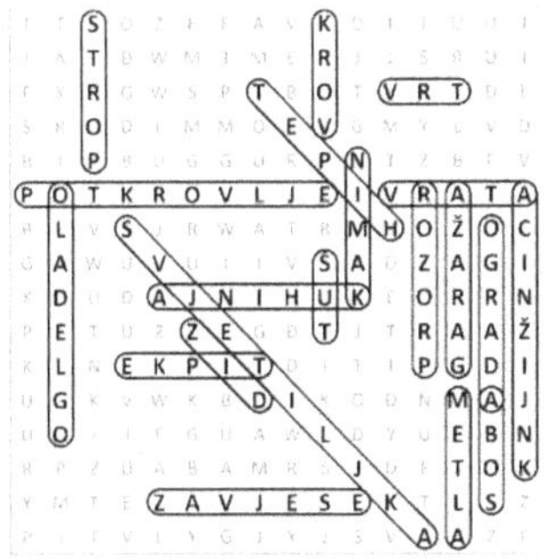

80 - Légumes

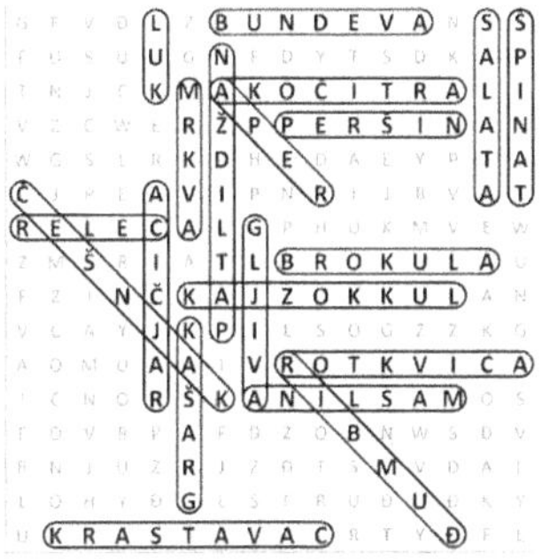

81 - Famille

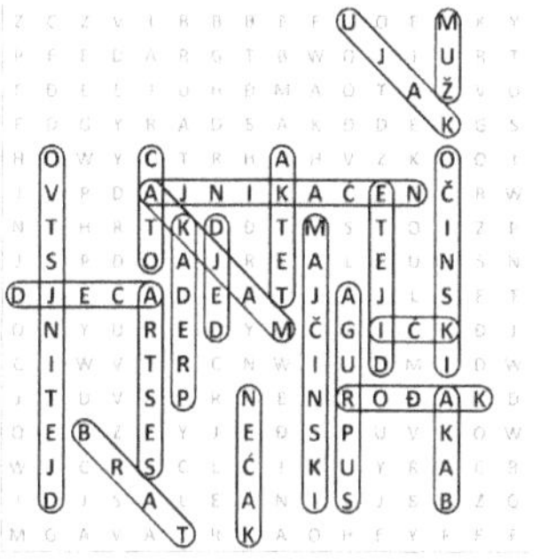

82 - Oiseaux

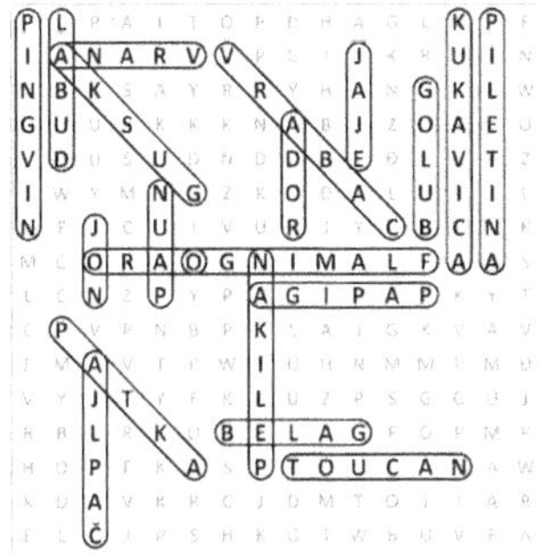

83 - Disciplines Scientifiques

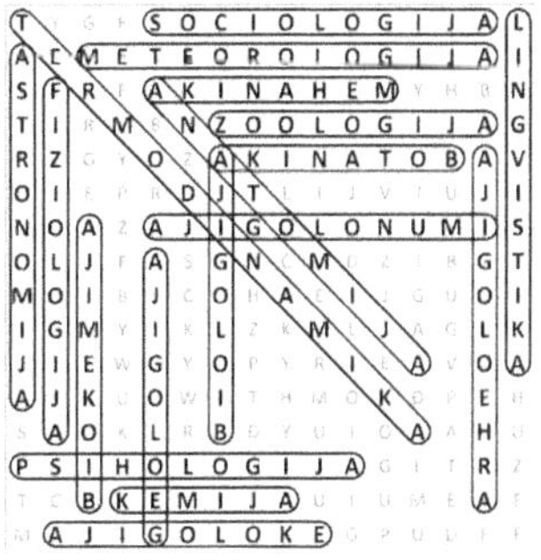

84 - Maladie

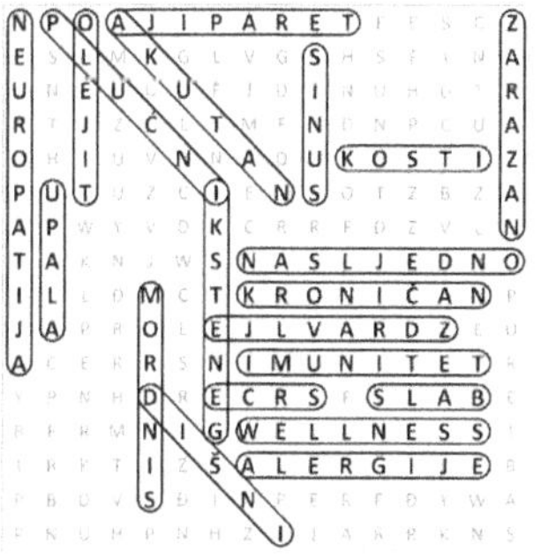

85 - Univers

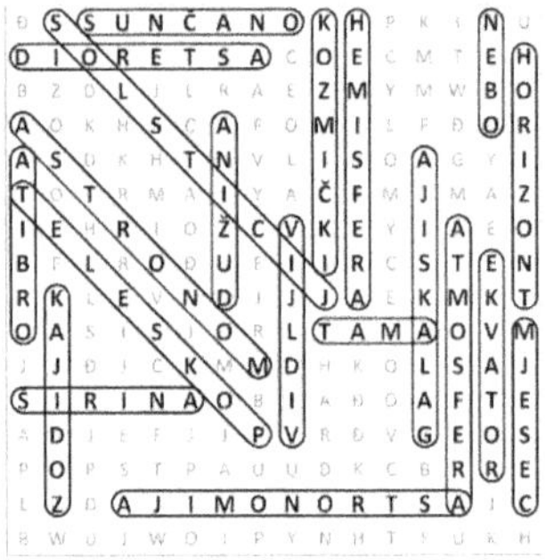

86 - Géographie

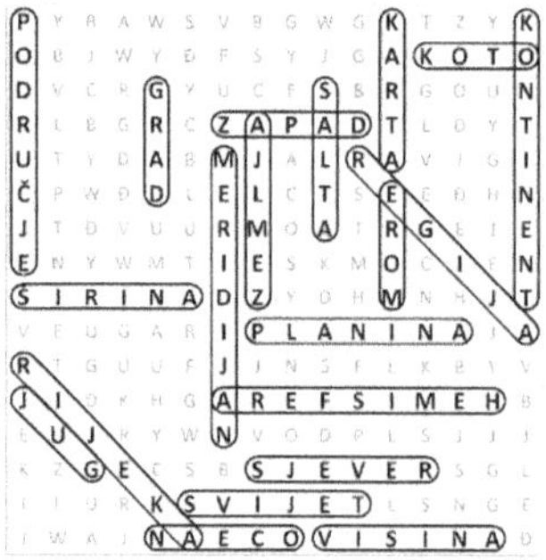

87 - Danse

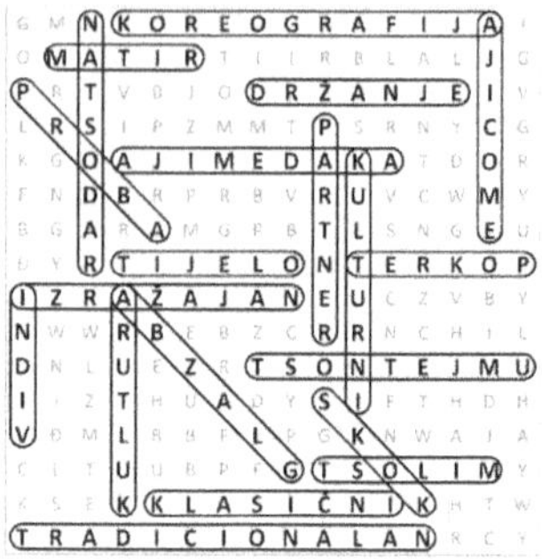

88 - Bâtiments

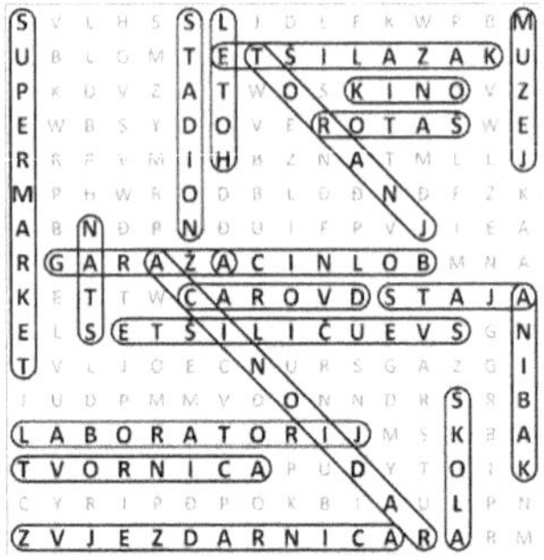

89 - Activités et Loisirs

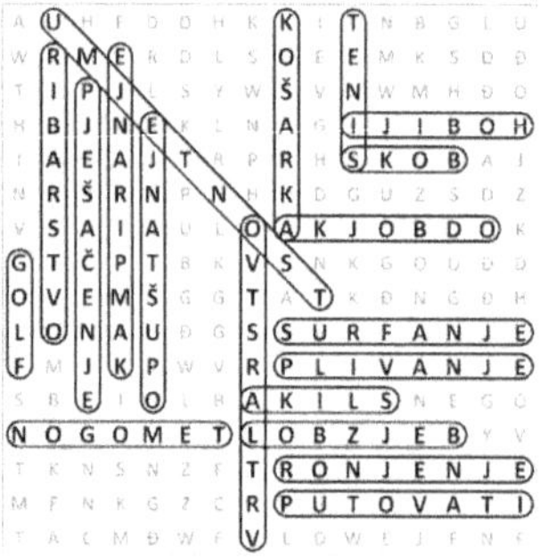

90 - Livres

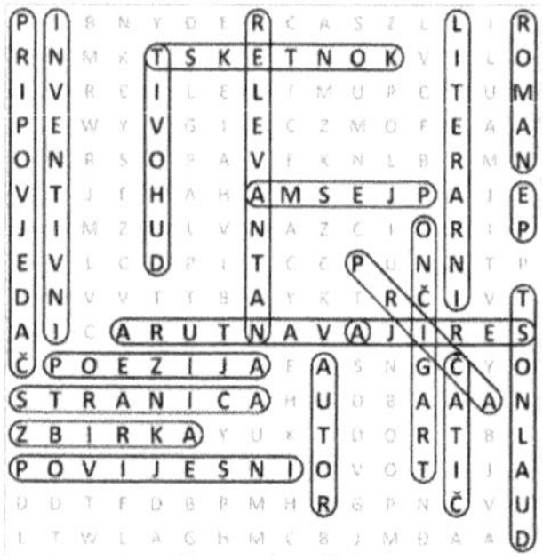

91 - Pays #2

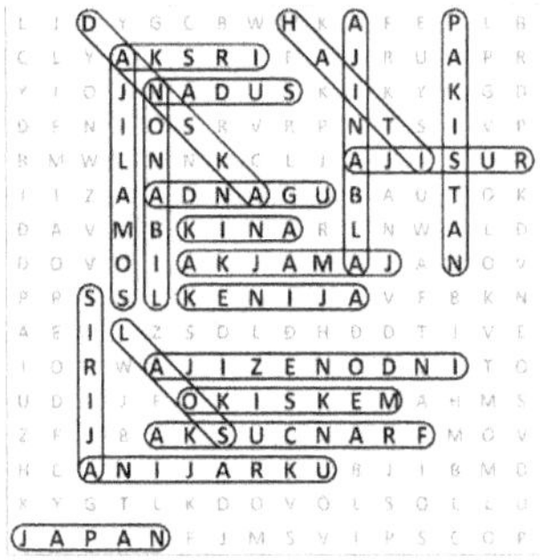

92 - Jazz

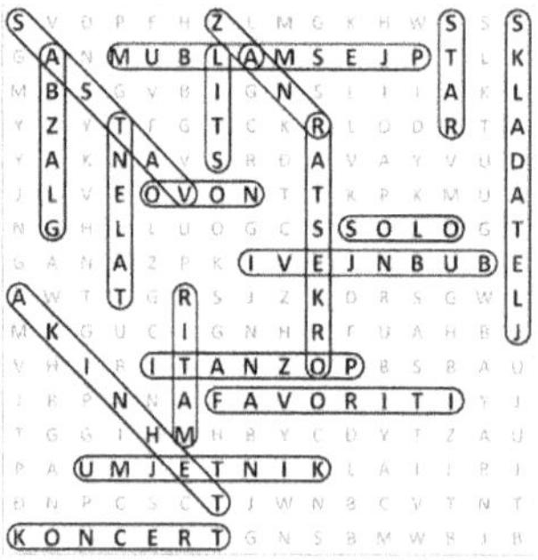

93 - Paysages

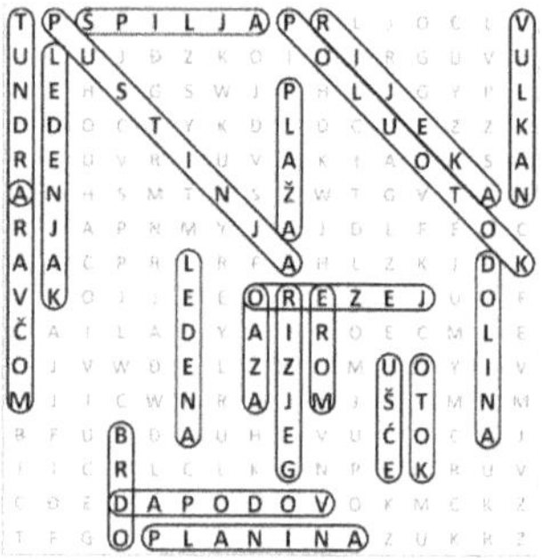

94 - Pays #1

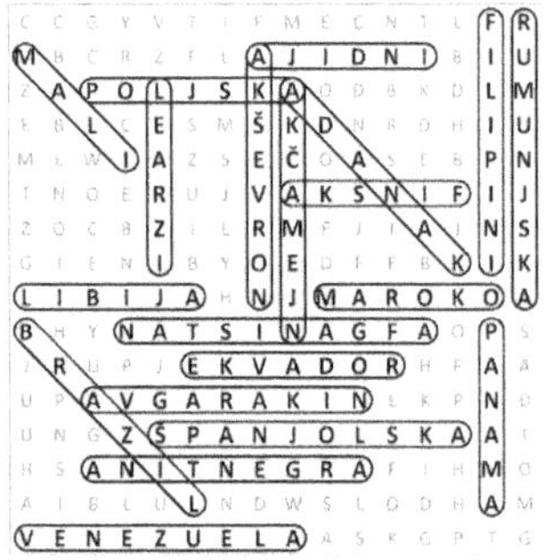

95 - Nombres

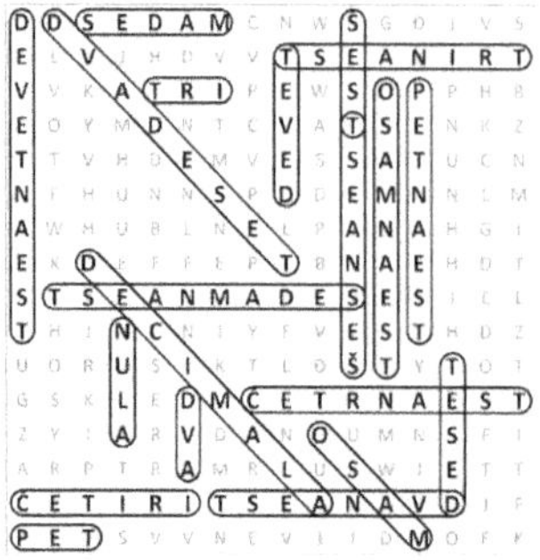

96 - Psychologie

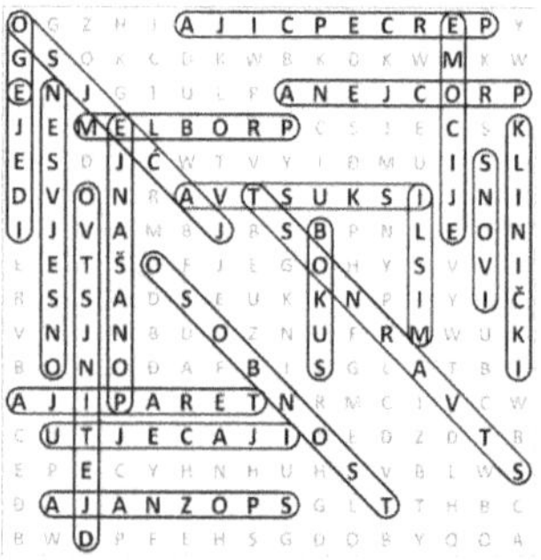

97 - Nature

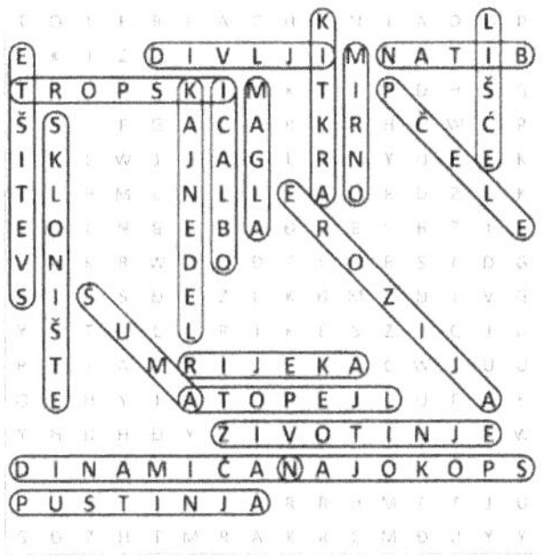

98 - Chimie

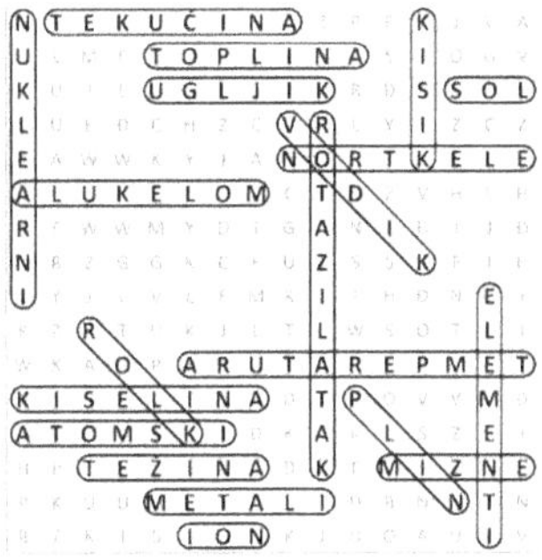

99 - Bateaux

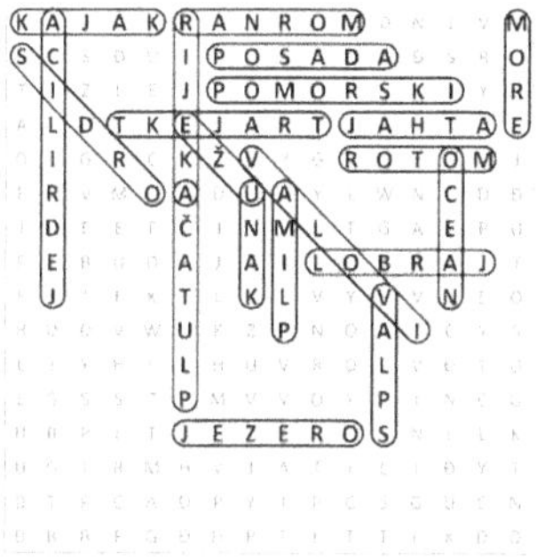

100 - Mesures

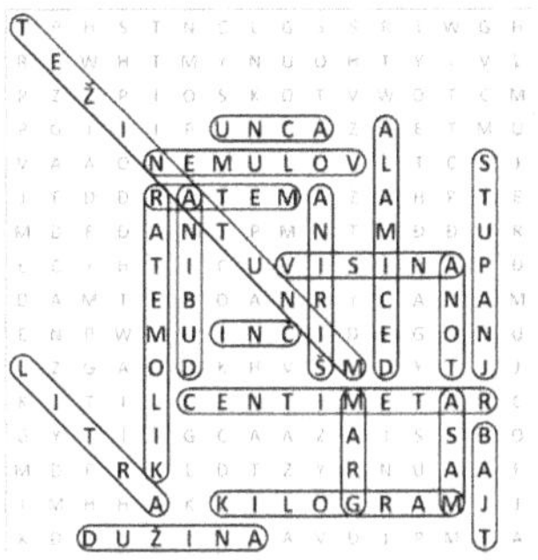

Dictionnaire

Activités

Aktivnosti

Activité	Aktivnost
Art	Umjetnost
Artisanat	Obrt
Camping	Kampiranje
Céramique	Keramika
Chasse	Lov
Compétence	Vještina
Couture	Šivanje
Danse	Ples
Intérêts	Interesi
Jardinage	Vrtlarstvo
Jeux	Igre
Lecture	Čitanje
Magie	Magija
Peinture	Slika
Pêche	Ribarstvo
Photographie	Fotografija
Plaisir	Zadovoljstvo
Randonnée	Pješačenje
Relaxation	Opuštanje

Activités et Loisirs

Zabava i Slobodno Vrijeme

Art	Umjetnost
Base-Ball	Bejzbol
Basket-Ball	Košarka
Boxe	Boks
Camping	Kampiranje
Football	Nogomet
Golf	Golf
Jardinage	Vrtlarstvo
Nager	Plivanje
Passe-Temps	Hobiji
Peinture	Slika
Pêche	Ribarstvo
Plongée	Ronjenje
Randonnée	Pješačenje
Relaxant	Opuštanje
Surf	Surfanje
Tennis	Tenis
Volley-Ball	Odbojka
Voyage	Putovati

Adjectifs #1

Pridjevi № 1

Absolu	Apsolutan
Actif	Aktivan
Ambitieux	Ambiciozan
Aromatique	Aromatski
Artistique	Umjetnički
Attractif	Atraktivan
Beau	Lijep
Exotique	Egzotično
Énorme	Ogroman
Généreux	Velikodušan
Honnête	Iskren
Identique	Identičan
Important	Važno
Innocent	Nevin
Jeune	Mladi
Lent	Usporiti
Lourd	Teška
Mince	Tanak
Moderne	Moderan
Parfait	Savršen

Adjectifs #2

Pridjevi № 2

Authentique	Autentično
Célèbre	Poznati
Créatif	Kreativni
Descriptif	Opisni
Doué	Darovit
Dramatique	Dramatičan
Élégant	Elegantan
Fier	Ponosan
Fort	Jak
Intéressant	Zanimljiv
Naturel	Prirodno
Nouveau	Novo
Productif	Produktivni
Puissant	Snažan
Pur	Čist
Responsable	Odgovoran
Sain	Zdrav
Salé	Slan
Sauvage	Divlji
Sec	Suho

Agronomie

Agronomija

Agriculture	Poljoprivreda
Croissance	Rast
Eau	Voda
Engrais	Gnojivo
Environnement	Okoliš
Écologie	Ekologija
Énergie	Energija
Érosion	Erozija
Étude	Studija
Graines	Sjemenke
Légumes	Povrće
Maladies	Bolesti
Nourriture	Hrana
Pollution	Zagađenje
Production	Proizvodnja
Recherche	Istraživanje
Rural	Seosko
Science	Znanost
Sol	Tlo
Systèmes	Sustavi

Algèbre

Algebra

Diagramme	Dijagram
Exposant	Eksponent
Équation	Jednadžba
Facteur	Faktor
Faux	Lažno
Formule	Formula
Fraction	Frakcija
Graphique	Grafikon
Infini	Beskonačno
Linéaire	Linearni
Matrice	Matrica
Nombre	Broj
Parenthèse	Zagrada
Problème	Problem
Quantité	Količina
Solution	Rješenje
Somme	Suma
Soustraction	Oduzimanje
Variable	Varijabla
Zéro	Nula

Antarctique

Antarktika

Baie	Zaljev
Baleines	Kitovi
Chercheur	Istraživač
Conservation	Konzervacija
Continent	Kontinent
Eau	Voda
Environnement	Okoliš
Expédition	Ekspedicija
Géographie	Geografija
Glace	Led
Glaciers	Ledenjaci
Îles	Otoci
Migration	Migracija
Minéraux	Minerali
Oiseaux	Ptice
Péninsule	Poluotok
Rocheux	Stjenovita
Scientifique	Znanstven
Température	Temperatura
Topographie	Topografija

Antiquités

Antikviteti

Art	Umjetnost
Authentique	Autentično
Bijoux	Nakit
Décoratif	Ukrasno
Enchères	Aukcija
Élégant	Elegantan
Galerie	Galerija
Inhabituel	Neobično
Investissement	Ulaganje
Meubles	Namještaj
Peintures	Slike
Pièces	Kovanice
Prix	Cijena
Qualité	Kvaliteta
Restauration	Obnova
Sculpture	Skulptura
Siècle	Stoljeće
Style	Stil
Valeur	Vrijednost
Vieux	Star

Archéologie

Arheologija

Analyse	Analiza
Années	Godine
Chercheur	Istraživač
Civilisation	Civilizacija
Descendant	Potomak
Expert	Stručnjak
Ère	Doba
Équipe	Tim
Évaluation	Evaluacija
Fossile	Fosil
Fragments	Fragmenti
Inconnu	Nepoznat
Mystère	Misterija
Objets	Objekti
Os	Kosti
Oublié	Zaboravio
Professeur	Profesor
Relique	Relikvija
Temple	Hram
Tombe	Grob

Astronomie

Astronomija

Astéroïde	Asteroid
Astronaute	Astronaut
Astronome	Astronom
Ciel	Nebo
Constellation	Konstelacija
Cosmos	Kozmos
Éclipse	Pomrčina
Équinoxe	Ekvinocija
Fusée	Raketa
Galaxie	Galaksija
Lune	Mjesec
Météore	Meteor
Nébuleuse	Maglica
Observatoire	Zvjezdarnica
Planète	Planeta
Radiation	Zračenje
Solaire	Sunčano
Supernova	Supernova
Terre	Zemlja
Univers	Svemir

Aventure

Avantura

Activité	Aktivnost
Beauté	Ljepota
Bravoure	Hrabrost
Chance	Prilika
Dangereux	Opasno
Destination	Odredište
Défis	Izazovi
Difficulté	Teškoća
Enthousiasme	Entuzijazam
Excursion	Izlet
Inhabituel	Neobično
Itinéraire	Itinerar
Joie	Radost
Nature	Priroda
Navigation	Navigacija
Nouveau	Novo
Préparation	Priprema
Sécurité	Sigurnost
Surprenant	Iznenađujući
Voyages	Putovanja

Avions

Zrakoplovi

Air	Zrak
Atmosphère	Atmosfera
Atterrissage	Slijetanje
Aventure	Avantura
Ballon	Balon
Carburant	Gorivo
Ciel	Nebo
Construction	Izgradnja
Descente	Silazak
Direction	Smjer
Équipage	Posada
Gonfler	Napuhati
Hauteur	Visina
Hélices	Propeleri
Histoire	Povijest
Hydrogène	Vodik
Moteur	Motor
Passager	Putnik
Pilote	Pilot
Turbulence	Turbulencija

Ballet
Balet

Applaudissement	Pljesak
Artistique	Umjetnički
Ballerine	Balerina
Chorégraphie	Koreografija
Compétence	Vještina
Compositeur	Skladatelj
Danseurs	Plesači
Expressif	Izražajan
Geste	Gesta
Gracieux	Graciozan
Intensité	Intenzitet
Muscles	Mišići
Musique	Glazba
Orchestre	Orkestar
Public	Publika
Répétition	Proba
Rythme	Ritam
Solo	Solo
Style	Stil
Technique	Tehnika

Barbecues
Roštilji

Chaud	Vruće
Couteaux	Noževi
Déjeuner	Ručak
Dîner	Večera
Enfants	Djeca
Été	Ljeto
Faim	Glad
Famille	Obitelj
Fruit	Voće
Gril	Roštilj
Jeux	Igre
Légumes	Povrće
Musique	Glazba
Oignons	Luk
Poivre	Papar
Poulet	Piletina
Salades	Salate
Sauce	Umak
Sel	Sol
Tomates	Rajčice

Bateaux
Brodovi

Ancre	Sidro
Bouée	Plutača
Canoë	Kanu
Corde	Uže
Équipage	Posada
Ferry	Trajekt
Fleuve	Rijeka
Kayak	Kajak
Lac	Jezero
Marée	Plima
Marin	Mornar
Mât	Jarbol
Mer	More
Moteur	Motor
Nautique	Pomorski
Océan	Ocean
Radeau	Splav
Vagues	Valovi
Voilier	Jedrilica
Yacht	Jahta

Bâtiments
Građevine

Appartement	Stan
Atelier	Radionica
Cabine	Kabina
Château	Dvorac
Cinéma	Kino
École	Škola
Garage	Garaža
Grange	Staja
Hôpital	Bolnica
Hôtel	Hotel
Laboratoire	Laboratorij
Musée	Muzej
Observatoire	Zvjezdarnica
Stade	Stadion
Supermarché	Supermarket
Tente	Šator
Théâtre	Kazalište
Tour	Toranj
Université	Sveučilište
Usine	Tvornica

Beauté
Ljepota

Boucles	Kovrče
Charme	Šarm
Ciseaux	Škare
Cosmétique	Kozmetika
Couleur	Boja
Élégance	Elegancija
Élégant	Elegantan
Grâce	Milost
Huiles	Ulja
Maquillage	Šminka
Mascara	Maskara
Miroir	Ogledalo
Parfum	Miris
Peau	Koža
Photogénique	Fotogeničan
Produits	Proizvodi
Rouge à Lèvres	Ruž
Services	Usluge
Shampooing	Šampon
Styliste	Stilist

Biologie
Biologija

Anatomie	Anatomija
Bactéries	Bakterije
Cellule	Ćelija
Chromosome	Kromosom
Collagène	Kolagena
Embryon	Embrija
Enzyme	Enzim
Évolution	Evolucija
Hormone	Hormon
Mammifère	Sisavac
Mutation	Mutacija
Naturel	Prirodno
Nerf	Živac
Neurone	Neuron
Osmose	Osmoza
Photosynthèse	Fotosinteza
Protéine	Bjelančevina
Reptile	Gmaz
Symbiose	Simbioza
Synapse	Sinapsa

Café
Kava

Acide	Kiselo
Amer	Gorak
Arôme	Aroma
Boisson	Piće
Caféine	Kofein
Crème	Krema
Eau	Voda
Filtre	Filtar
Lait	Mlijeko
Liquide	Tekućina
Matin	Jutro
Moudre	Samljeti
Noir	Crna
Origine	Podrijetlo
Prix	Cijena
Rôti	Pržena
Saveur	Okus
Sucre	Šećer
Tasse	Šalica
Variété	Raznolikost

Camping
Kampiranje

Animaux	Životinje
Aventure	Avantura
Boussole	Kompas
Cabine	Kabina
Canoë	Kanu
Carte	Karta
Chapeau	Šešir
Chasse	Lov
Corde	Uže
Équipement	Oprema
Feu	Vatra
Forêt	Šuma
Hamac	Viseća
Insecte	Kukac
Lac	Jezero
Lanterne	Fenjer
Lune	Mjesec
Montagne	Planina
Nature	Priroda
Tente	Šator

Chimie
Kemija

Acide	Kiselina
Atomique	Atomski
Carbone	Ugljik
Catalyseur	Katalizator
Chaleur	Toplina
Chlore	Klor
Enzyme	Enzim
Électron	Elektron
Éléments	Elementi
Gaz	Plin
Hydrogène	Vodik
Ion	Ion
Liquide	Tekućina
Métaux	Metali
Molécule	Molekula
Nucléaire	Nuklearni
Oxygène	Kisik
Poids	Težina
Sel	Sol
Température	Temperatura

Chocolat
Čokolada

Amer	Gorak
Arôme	Aroma
Artisanal	Zanatski
Bonbon	Bombon
Cacahuètes	Kikiriki
Cacao	Kakao
Calories	Kalorije
Caramel	Karamela
Délicieux	Ukusno
Doux	Slatko
Exotique	Egzotično
Favori	Omiljeni
Goût	Ukus
Ingrédient	Sastojak
Noix de Coco	Kokos
Poudre	Prah
Qualité	Kvaliteta
Recette	Recept
Saveur	Okus
Sucre	Šećer

Conduite
Vožnja

Accident	Nesreća
Camion	Kamion
Carburant	Gorivo
Carte	Karta
Danger	Opasnost
Freins	Kočnice
Garage	Garaža
Gaz	Plin
Licence	Licenca
Moteur	Motor
Moto	Motocikl
Piéton	Pješak
Police	Policija
Route	Cesta
Sécurité	Sigurnost
Trafic	Promet
Transport	Prijevoz
Tunnel	Tunel
Vitesse	Brzina
Voiture	Automobil

Corps Humain
Ljudsko Tijelo

Bouche	Usta
Cerveau	Mozak
Cheville	Gležanj
Cou	Vrat
Coude	Lakat
Cœur	Srce
Doigt	Prst
Estomac	Želudac
Épaule	Rame
Genou	Koljeno
Lèvres	Usne
Main	Ruka
Mâchoire	Čeljust
Menton	Brada
Nez	Nos
Oreille	Uho
Peau	Koža
Sang	Krv
Tête	Glava
Visage	Lice

Créativité
Kreativnost

Artistique	Umjetnički
Authenticité	Autentičnost
Clarté	Jasnoća
Compétence	Vještina
Dramatique	Dramatičan
Expression	Izraz
Émotions	Emocije
Fluidité	Fluidnost
Idées	Ideje
Image	Slika
Imagination	Mašta
Impression	Dojam
Inspiration	Inspiracija
Intensité	Intenzitet
Intuition	Intuicija
Inventif	Inventivni
Sensation	Osjećaj
Spontané	Spontano
Visions	Vizije
Vitalité	Vitalnost

Danse
Ples

Académie	Akademija
Art	Umjetnost
Chorégraphie	Koreografija
Classique	Klasični
Corps	Tijelo
Culture	Kultura
Culturel	Kulturni
Expressif	Izražajan
Émotion	Emocija
Grâce	Milost
Joyeux	Radostan
Mouvement	Pokret
Musique	Glazba
Partenaire	Partner
Posture	Držanje
Répétition	Proba
Rythme	Ritam
Saut	Skok
Traditionnel	Tradicionalan
Visuel	Vidni

Diplomatie
Diplomacija

Ambassadeur	Ambasador
Citoyens	Građani
Civique	Građanski
Communauté	Zajednica
Conflit	Sukob
Conseiller	Savjetnik
Coopération	Suradnja
Diplomatique	Diplomatski
Discussion	Rasprava
Éthique	Etika
Étranger	Strani
Gouvernement	Vlada
Humanitaire	Humanitarni
Intégrité	Integritet
Justice	Pravda
Politique	Politika
Résolution	Odluka
Sécurité	Sigurnost
Solution	Rješenje
Traité	Ugovor

Disciplines Scientifiques
Znanstvene Discipline

Anatomie	Anatomija
Archéologie	Arheologija
Astronomie	Astronomija
Biochimie	Biokemija
Biologie	Biologija
Botanique	Botanika
Chimie	Kemija
Écologie	Ekologija
Géologie	Geologija
Immunologie	Imunologija
Linguistique	Lingvistika
Mécanique	Mehanika
Météorologie	Meteorologija
Minéralogie	Mineralogija
Neurologie	Neurologija
Physiologie	Fiziologija
Psychologie	Psihologija
Sociologie	Sociologija
Thermodynamique	Termodinamika
Zoologie	Zoologija

Entreprise
Poslovanje

Argent	Novac
Boutique	Dućan
Budget	Proračun
Bureau	Ured
Carrière	Karijera
Coût	Trošak
Devise	Valuta
Employeur	Poslodavac
Employé	Zaposlenik
Entreprise	Tvrtka
Économie	Ekonomija
Finance	Financije
Impôts	Porezi
Investissement	Ulaganje
Marchandise	Roba
Profit	Dobit
Revenu	Prihod
Transaction	Transakcija
Usine	Tvornica
Vente	Prodaja

Échecs
Šah

Adversaire	Protivnik
Apprendre	Učiti
Blanc	Bijeli
Champion	Prvak
Concours	Natjecanje
Défis	Izazovi
Diagonal	Dijagonala
Intelligent	Pametan
Jeu	Igra
Joueur	Igrač
Noir	Crna
Passif	Pasivno
Points	Točke
Reine	Kraljica
Règles	Pravila
Roi	Kralj
Sacrifice	Žrtvovati
Stratégie	Strategija
Temps	Vrijeme
Tournoi	Turnir

Écologie
Ekologija

Bénévoles Volonteri
Climat Klima
Communautés Zajednice
Diversité Raznolikost
Durable Održiv
Espèce Vrsta
Faune Fauna
Flore Flora
Global Globalno
Habitat Stanište
Marais Močvara
Marin Pomorski
Montagnes Planine
Nature Priroda
Naturel Prirodno
Plantes Bilje
Ressources Resursi
Sécheresse Suša
Survie Opstanak
Végétation Vegetacija

Électricité
Struja

Aimant Magnet
Ampoule Žarulja
Batterie Baterija
Câble Kabel
Électricien Električar
Électrique Električni
Équipement Oprema
Fils Žice
Générateur Generator
Lampe Svjetiljka
Laser Laser
Négatif Negativan
Objets Objekti
Positif Pozitivan
Prise Utičnica
Quantité Količina
Réseau Mreža
Stockage Skladištenje
Téléphone Telefon
Télévision Televizija

Énergie
Energija

Batterie Baterija
Carbone Ugljik
Carburant Gorivo
Chaleur Toplina
Diesel Dizel
Entropie Entropija
Environnement Okoliš
Essence Benzin
Électrique Električni
Électron Elektron
Hydrogène Vodik
Industrie Industrija
Moteur Motor
Nucléaire Nuklearni
Photon Foton
Pollution Zagađenje
Renouvelable Obnovljiv
Soleil Sunce
Turbine Turbina
Vent Vjetar

Épices
Začini

Aigre Kiselo
Ail Češnjak
Amer Gorak
Anis Anis
Cannelle Cimet
Cardamome Kardamom
Coriandre Korijander
Cumin Kumin
Curry Curry
Fenouil Komorač
Fenugrec Piskavica
Gingembre Đumbir
Oignon Luk
Paprika Paprika
Poivre Papar
Réglisse Slatki
Safran Šafran
Saveur Okus
Sel Sol
Vanille Vanilija

Famille
Obitelj

Ancêtre Predak
Cousin Rođak
Enfance Djetinjstvo
Enfant Dijete
Enfants Djeca
Femme Supruga
Fille Kći
Frère Brat
Grand-Mère Baka
Grand-Père Djed
Mari Muž
Maternel Majčinski
Mère Majka
Neveu Nećak
Nièce Nećakinja
Oncle Ujak
Paternel Očinski
Père Otac
Soeur Sestra
Tante Tetka

Ferme #1
Farma Broj 1

Abeille Pčela
Agriculture Poljoprivreda
Âne Magarac
Bison Bizon
Champ Polje
Chat Mačka
Cheval Konj
Chèvre Koza
Chien Pas
Clôture Ograda
Corbeau Vrana
Eau Voda
Engrais Gnojivo
Foin Sijeno
Miel Med
Poulet Piletina
Riz Riža
Troupeau Stado
Vache Krava
Veau Tele

Ferme #2
Farma № 2

Agneau	Janjetina
Animaux	Životinje
Berger	Pastir
Blé	Pšenica
Canard	Patka
Fruit	Voće
Grange	Staja
Irrigation	Navodnjavanje
Lait	Mlijeko
Lama	Lame
Légume	Povrće
Maïs	Kukuruz
Mouton	Ovce
Mûr	Zrelo
Nourriture	Hrana
Orge	Ječam
Pré	Livada
Ruche	Košnica
Tracteur	Traktor
Verger	Voćnjak

Fleurs
Cvijeće

Bouquet	Buket
Gardénia	Gardenija
Hibiscus	Hibiskus
Jasmin	Jasmin
Jonquille	Narcis
Lavande	Lavanda
Lilas	Lila
Lys	Ljiljan
Magnolia	Magnolija
Marguerite	Tratinčica
Orchidée	Orhideja
Pavot	Mak
Pétale	Latica
Pissenlit	Maslačak
Pivoine	Božur
Plumeria	Plumerija
Rose	Ruža
Tournesol	Suncokret
Trèfle	Djetelina
Tulipe	Tulipan

Force et Gravité
Snaga i Gravitacija

Axe	Os
Centre	Centar
Découverte	Otkriće
Distance	Udaljenost
Dynamique	Dinamičan
Expansion	Proširenje
Friction	Trenje
Impact	Udarac
Magnétisme	Magnetizam
Mécanique	Mehanika
Mouvement	Pokret
Orbite	Orbita
Physique	Fizika
Planètes	Planete
Poids	Težina
Pression	Pritisak
Propriétés	Svojstva
Temps	Vrijeme
Universel	Univerzalan
Vitesse	Brzina

Forêt Tropicale
Prašuma

Amphibiens	Vodozemci
Botanique	Botanički
Climat	Klima
Communauté	Zajednica
Diversité	Raznolikost
Espèce	Vrsta
Indigène	Autohtono
Insectes	Kukci
Jungle	Džungla
Mammifères	Sisavci
Mousse	Mahovina
Nature	Priroda
Nuage	Oblaci
Oiseaux	Ptice
Précieux	Vrijedan
Préservation	Očuvanje
Refuge	Utočište
Respect	Poštovanje
Restauration	Obnova
Survie	Opstanak

Formes
Obrasci

Arc	Luk
Bords	Rubovi
Carré	Kvadrat
Cercle	Krug
Coin	Kut
Courbe	Krivulja
Cône	Konus
Côté	Strana
Cube	Kocka
Cylindre	Cilindar
Ellipse	Elipsa
Hyperbole	Hiperbola
Ligne	Crta
Ovale	Ovalan
Polygone	Poligon
Prisme	Prizma
Pyramide	Piramida
Rectangle	Pravokutnik
Sphère	Sfera
Triangle	Trokut

Fruit
Voće

Abricot	Marelica
Ananas	Ananas
Avocat	Avokado
Baie	Bobica
Banane	Banana
Cerise	Trešnja
Citron	Limun
Figue	Smokva
Framboise	Malina
Goyave	Guava
Kiwi	Kivi
Mangue	Mango
Melon	Dinja
Orange	Naranča
Papaye	Papaja
Pêche	Breskva
Poire	Kruška
Pomme	Jabuka
Prune	Šljiva
Raisin	Grožđe

Géographie
Geografija

Altitude	Visina
Atlas	Atlas
Carte	Karta
Continent	Kontinent
Fleuve	Rijeka
Hémisphère	Hemisfera
Île	Otok
Latitude	Širina
Mer	More
Méridien	Meridijan
Monde	Svijet
Montagne	Planina
Nord	Sjever
Océan	Ocean
Ouest	Zapad
Pays	Zemlja
Région	Regija
Sud	Jug
Territoire	Područje
Ville	Grad

Géologie
Geologija

Acide	Kiselina
Calcium	Kalcij
Caverne	Kaverna
Continent	Kontinent
Corail	Koralja
Couche	Sloj
Cristaux	Kristali
Érosion	Erozija
Fondu	Rastopljen
Fossile	Fosil
Geyser	Gejzir
Lave	Lava
Minéraux	Minerali
Pierre	Kamen
Plateau	Plato
Quartz	Kvarc
Sel	Sol
Stalactite	Stalaktit
Volcan	Vulkan
Zone	Zona

Géométrie
Geometrija

Angle	Kut
Calcul	Izračun
Cercle	Krug
Courbe	Krivulja
Diamètre	Promjer
Dimension	Dimenzija
Équation	Jednadžba
Hauteur	Visina
Logique	Logika
Masse	Masa
Médian	Medijan
Nombre	Broj
Parallèle	Paralelno
Proportion	Proporcija
Segment	Segment
Surface	Površina
Symétrie	Simetrija
Théorie	Teorija
Triangle	Trokut
Vertical	Okomit

Gouvernement
Vlada

Citoyenneté	Državljanstvo
Civil	Građanski
Constitution	Ustav
Démocratie	Demokracija
Discours	Govor
Discussion	Rasprava
District	Okrug
Droits	Prava
Égalité	Jednakost
État	Država
Indépendance	Nezavisnost
Judiciaire	Sudski
Justice	Pravda
Liberté	Sloboda
Loi	Zakon
Monument	Spomenik
Nation	Narod
Paisible	Mirno
Politique	Politika
Symbole	Simbol

Herboristerie
Herbalizam

Ail	Češnjak
Aromatique	Aromatski
Basilic	Bosiljak
Bénéfique	Korisno
Culinaire	Kulinarski
Estragon	Dragulj
Fenouil	Komorač
Fleur	Cvijet
Ingrédient	Sastojak
Jardin	Vrt
Lavande	Lavanda
Marjolaine	Mažuran
Menthe	Metvice
Persil	Peršin
Qualité	Kvaliteta
Romarin	Ružmarin
Safran	Šafran
Saveur	Okus
Thym	Timijan
Vert	Zelen

Immigration
Imigracija

Administration	Uprava
Adultes	Odrasli
Aide	Pomoć
Approbation	Odobrenje
Communication	Komunikacija
Date Limite	Rok
Documents	Dokumenti
Enfants	Djeca
Financement	Financiranje
Frontières	Granice
Langue	Jezik
Logement	Kućište
Loi	Zakon
Négociation	Pregovaranje
Officier	Časnik
Processus	Proces
Protection	Zaštita
Situation	Situacija
Solution	Rješenje
Stress	Stres

Ingénierie
Inženjerska Umjetnost

Angle	Kut
Axe	Os
Calcul	Izračun
Construction	Izgradnja
Diagramme	Dijagram
Diamètre	Promjer
Diesel	Dizel
Distribution	Distribucija
Engrenages	Zupčanici
Énergie	Energija
Force	Snaga
Liquide	Tekućina
Machine	Stroj
Mesure	Mjerenje
Moteur	Motor
Profondeur	Dubina
Propulsion	Pogon
Rotation	Rotacija
Stabilité	Stabilnost
Structure	Struktura

Instruments de Musique
Glazbeni Instrumenti

Banjo	Bendžo
Basson	Fagot
Clarinette	Klarinet
Flûte	Flauta
Gong	Gong
Guitare	Gitara
Harmonica	Harmonika
Harpe	Harfa
Hautbois	Oboa
Mandoline	Mandolina
Marimba	Marimba
Percussion	Udaraljke
Piano	Klavir
Saxophone	Saksofon
Tambour	Bubanj
Tambourin	Tamburaški
Trombone	Trombon
Trompette	Truba
Violon	Violina
Violoncelle	Violončelo

Jardin
Vrt

Arbre	Drvo
Banc	Klupa
Buisson	Grm
Clôture	Ograda
Étang	Ribnjak
Fleur	Cvijet
Garage	Garaža
Hamac	Viseća
Herbe	Trava
Jardin	Vrt
Mauvaises Herbes	Korov
Pelle	Lopata
Pelouse	Travnjak
Râteau	Grablje
Sol	Tlo
Terrasse	Terasa
Trampoline	Trampolin
Tuyau	Crijevo
Verger	Voćnjak
Vigne	Loza

Jardinage
Vrtlarstvo

Botanique	Botanički
Bouquet	Buket
Climat	Klima
Comestible	Jestivo
Compost	Kompost
Eau	Voda
Espèce	Vrsta
Exotique	Egzotično
Feuillage	Lišće
Feuille	List
Fleur	Cvijet
Floral	Cvjetni
Graines	Sjemenke
Humidité	Vlaga
Récipient	Kontejner
Saisonnier	Sezonski
Saleté	Prljavština
Sol	Tlo
Tuyau	Crijevo
Verger	Voćnjak

Jazz
Jazz

Album	Album
Artiste	Umjetnik
Célèbre	Poznati
Chanson	Pjesma
Compositeur	Skladatelj
Composition	Sastav
Concert	Koncert
Favoris	Favoriti
Genre	Žanr
Improvisation	Improvizacija
Musique	Glazba
Nouveau	Novo
Orchestre	Orkestar
Rythme	Ritam
Solo	Solo
Style	Stil
Talent	Talent
Tambours	Bubnjevi
Technique	Tehnika
Vieux	Star

Jours et Mois
Dani i Mjeseci

Août	Kolovoz
Avril	Travanj
Calendrier	Kalendar
Dimanche	Nedjelja
Février	Veljača
Janvier	Siječanj
Jeudi	Četvrtak
Juillet	Srpanj
Juin	Lipanj
Lundi	Ponedjeljak
Mardi	Utorak
Mars	Ožujak
Mercredi	Srijeda
Mois	Mjesec
Novembre	Studeni
Octobre	Listopad
Samedi	Subota
Semaine	Tjedan
Septembre	Rujan
Vendredi	Petak

L'Entreprise
Tvrtka

Affaires	Poslovanje
Créatif	Kreativni
Décision	Odluka
Emploi	Zapošljavanje
Global	Globalno
Industrie	Industrija
Innovant	Inovativan
Investissement	Ulaganje
Possibilité	Mogućnost
Présentation	Prezentacija
Produit	Proizvod
Progrès	Napredak
Qualité	Kvaliteta
Ressources	Resursi
Revenu	Prihod
Réputation	Ugled
Risques	Rizici
Salaire	Plaće
Tendances	Trendovi
Unités	Jedinice

Les Abeilles
Pčele

Ailes	Krila
Bénéfique	Korisno
Cire	Vosak
Diversité	Raznolikost
Essaim	Roj
Écosystème	Ekosustav
Fleur	Cvijet
Fleurs	Cvijeće
Fruit	Voće
Fumée	Dim
Habitat	Stanište
Insecte	Kukac
Jardin	Vrt
Miel	Med
Nourriture	Hrana
Plantes	Bilje
Pollen	Pelud
Reine	Kraljica
Ruche	Košnica
Soleil	Sunce

Les Médias
Mediji

Attitudes	Stavovi
Commercial	Trgovački
Communication	Komunikacija
En Ligne	Na Liniji
Édition	Izdanje
Éducation	Obrazovanje
Faits	Činjenice
Financement	Financiranje
Images	Slike
Industrie	Industrija
Intellectuel	Intelektualac
Journaux	Novine
Local	Lokalni
Numérique	Digitalni
Opinion	Mišljenje
Photos	Fotografije
Public	Javnost
Radio	Radio
Réseau	Mreža
Télévision	Televizija

Légumes
Povrće

Ail	Češnjak
Artichaut	Artičoka
Aubergine	Patlidžan
Brocoli	Brokula
Carotte	Mrkva
Céleri	Celer
Champignon	Gljiva
Citrouille	Bundeva
Concombre	Krastavac
Échalote	Luk Kozjak
Épinard	Špinat
Gingembre	Đumbir
Navet	Repa
Oignon	Luk
Olive	Maslina
Persil	Peršin
Pois	Grašak
Radis	Rotkvica
Salade	Salata
Tomate	Rajčica

Littérature
Književnost

Analogie	Analogija
Analyse	Analiza
Anecdote	Anegdota
Auteur	Autor
Biographie	Biografija
Comparaison	Usporedba
Conclusion	Zaključak
Description	Opis
Dialogue	Dijalog
Fiction	Fikcija
Métaphore	Metafora
Narrateur	Pripovjedač
Poème	Pjesma
Poétique	Pjesnički
Rime	Rima
Roman	Roman
Rythme	Ritam
Style	Stil
Thème	Tema
Tragédie	Tragedija

Livres
Knjige

Auteur	Autor
Aventure	Avantura
Collection	Zbirka
Contexte	Kontekst
Dualité	Dualnost
Épique	Ep
Histoire	Priča
Historique	Povijesni
Humoristique	Duhovit
Inventif	Inventivni
Lecteur	Čitač
Littéraire	Literarni
Narrateur	Pripovjedač
Page	Stranica
Pertinent	Relevantan
Poème	Pjesma
Poésie	Poezija
Roman	Roman
Série	Serija
Tragique	Tragično

Maison
Kuća

Balai	Metla
Bibliothèque	Knjižnica
Chambre	Soba
Cheminée	Kamin
Clés	Tipke
Clôture	Ograda
Cuisine	Kuhinja
Douche	Tuš
Fenêtre	Prozor
Garage	Garaža
Grenier	Potkrovlje
Jardin	Vrt
Lampe	Svjetiljka
Miroir	Ogledalo
Mur	Zid
Plafond	Strop
Porte	Vrata
Rideaux	Zavjese
Tapis	Tepih
Toit	Krov

Maladie
Bolesti

Aigu	Akutan
Allergies	Alergije
Bien-Être	Wellness
Chronique	Kroničan
Contagieux	Zarazan
Corps	Tijelo
Cœur	Srce
Faible	Slab
Génétique	Genetski
Héréditaire	Nasljedno
Immunité	Imunitet
Inflammation	Upala
Neuropathie	Neuropatija
Os	Kosti
Pulmonaire	Plućni
Respiratoire	Dišni
Santé	Zdravlje
Sinus	Sinus
Syndrome	Sindrom
Thérapie	Terapija

Mammifères
Sisavci

Baleine	Kit
Chat	Mačka
Cheval	Konj
Chien	Pas
Coyote	Kojot
Dauphin	Dupin
Éléphant	Slon
Girafe	Žirafa
Gorille	Gorila
Kangourou	Klokan
Lapin	Zec
Lion	Lav
Loup	Vuk
Mouton	Ovce
Ours	Snositi
Renard	Lisica
Singe	Majmun
Taureau	Bik
Tigre	Tigar
Zèbre	Zebra

Mathématiques
Matematika

Angles	Kutovi
Arithmétique	Aritmetika
Carré	Kvadrat
Circonférence	Opseg
Décimal	Decimala
Diamètre	Promjer
Exposant	Eksponent
Équation	Jednadžba
Fraction	Frakcija
Géométrie	Geometrija
Parallèle	Paralelno
Parallélogramme	Paralelogram
Perpendiculaire	Okomica
Périmètre	Perimetar
Polygone	Poligon
Rectangle	Pravokutnik
Somme	Suma
Symétrie	Simetrija
Triangle	Trokut
Volume	Volumen

Mesures
Mjerenja

Centimètre	Centimetar
Degré	Stupanj
Décimal	Decimala
Gramme	Gram
Hauteur	Visina
Kilogramme	Kilogram
Kilomètre	Kilometar
Largeur	Širina
Litre	Litra
Longueur	Dužina
Masse	Masa
Mètre	Metar
Minute	Minuta
Octet	Bajt
Once	Unca
Poids	Težina
Pouce	Inč
Profondeur	Dubina
Tonne	Tona
Volume	Volumen

Méditation
Meditacija

Acceptation	Prihvaćanje
Attention	Pažnja
Calme	Miran
Clarté	Jasnoća
Compassion	Suosjećanje
Émotions	Emocije
Éveillé	Budan
Gentillesse	Ljubaznost
Gratitude	Zahvalnost
Habitudes	Navike
Mental	Mentalno
Mouvement	Pokret
Musique	Glazba
Nature	Priroda
Observation	Promatranje
Paix	Mir
Perspective	Perspektiva
Posture	Držanje
Respiration	Disanje
Silence	Tišina

Météo
Vrijeme

Arc-En-Ciel	Duga
Atmosphère	Atmosfera
Brise	Povjetarac
Brouillard	Magla
Ciel	Nebo
Climat	Klima
Glace	Led
Inondation	Poplava
Mousson	Monsun
Nuage	Oblak
Ouragan	Uragan
Polaire	Polarni
Sec	Suho
Sécheresse	Suša
Température	Temperatura
Tempête	Oluja
Tonnerre	Grmljavina
Tornade	Tornado
Tropical	Tropski
Vent	Vjetar

Musique
Glazba, Muzika

Album	Album
Ballade	Balada
Chanter	Pjevati
Chanteur	Pjevač
Classique	Klasični
Enregistrement	Snimanje
Harmonie	Sklad
Harmonique	Harmonijski
Instrument	Instrument
Lyrique	Lirski
Mélodie	Melodija
Microphone	Mikrofon
Musical	Mjuzikl
Musicien	Glazbenik
Opéra	Opera
Poétique	Pjesnički
Rythme	Ritam
Rythmique	Ritmičan
Tempo	Tempo
Vocal	Vokalni

Mythologie
Mitologija

Archétype	Arhetip
Catastrophe	Katastrofa
Comportement	Ponašanje
Création	Stvaranje
Créature	Stvorenje
Croyances	Uvjerenja
Culture	Kultura
Éclair	Munja
Force	Snaga
Guerrier	Ratnik
Héros	Junak
Immortalité	Besmrtnost
Jalousie	Ljubomora
Labyrinthe	Labirint
Légende	Legenda
Magique	Čarobni
Monstre	Čudovište
Mortel	Smrtnik
Tonnerre	Grmljavina
Vengeance	Osveta

Nature
Priroda

Abeilles	Pčele
Abri	Sklonište
Animaux	Životinje
Arctique	Arktik
Beauté	Ljepota
Brouillard	Magla
Désert	Pustinja
Dynamique	Dinamičan
Érosion	Erozija
Feuillage	Lišće
Fleuve	Rijeka
Forêt	Šuma
Glacier	Ledenjak
Nuage	Oblaci
Paisible	Mirno
Sanctuaire	Svetište
Sauvage	Divlji
Serein	Spokojan
Tropical	Tropski
Vital	Bitan

Nombres
Brojevi

Cinq	Pet
Deux	Dva
Décimal	Decimala
Dix	Deset
Dix-Huit	Osamnaest
Dix-Neuf	Devetnaest
Dix-Sept	Sedamnaest
Douze	Dvanaest
Huit	Osam
Neuf	Devet
Quatorze	Četrnaest
Quatre	Četiri
Quinze	Petnaest
Seize	Šesnaest
Sept	Sedam
Six	Šest
Treize	Trinaest
Trois	Tri
Vingt	Dvadeset
Zéro	Nula

Nourriture #1
Hrana # 1

Ail	Češnjak
Basilic	Bosiljak
Café	Kava
Cannelle	Cimet
Carotte	Mrkva
Citron	Limun
Épinard	Špinat
Fraise	Jagoda
Jus	Sok
Lait	Mlijeko
Navet	Repa
Oignon	Luk
Orge	Ječam
Poire	Kruška
Salade	Salata
Sel	Sol
Soupe	Juha
Sucre	Šećer
Thon	Tuna
Viande	Meso

Nourriture #2
Hrana # 2

Amande	Badem
Aubergine	Patlidžan
Banane	Banana
Blé	Pšenica
Brocoli	Brokula
Cerise	Trešnja
Céleri	Celer
Champignon	Gljiva
Chocolat	Čokolada
Jambon	Šunka
Kiwi	Kivi
Mangue	Mango
Oeuf	Jaje
Pain	Kruh
Poisson	Riba
Pomme	Jabuka
Poulet	Piletina
Raisin	Grožđe
Riz	Riža
Tomate	Rajčica

Nutrition
Prehrana

Amer	Gorak
Appétit	Apetit
Calories	Kalorije
Comestible	Jestivo
Diète	Dijeta
Digestion	Probava
Épices	Začini
Équilibré	Uravnotežen
Fermentation	Vrenje
Ingrédients	Sastojci
Liquides	Tekućine
Poids	Težina
Protéines	Proteini
Qualité	Kvaliteta
Sain	Zdrav
Santé	Zdravlje
Sauce	Umak
Saveur	Okus
Toxine	Toksin
Vitamine	Vitamin

Océan
Ocean

Algue	Alge
Anguille	Jegulja
Baleine	Kit
Bateau	Čamac
Corail	Koralja
Crabe	Rak
Crevette	Škampi
Dauphin	Dupin
Éponge	Spužva
Huître	Kamenica
Méduse	Meduza
Poisson	Riba
Poulpe	Hobotnica
Requin	Morski Pas
Récif	Greben
Sel	Sol
Tempête	Oluja
Thon	Tuna
Tortue	Kornjača
Vagues	Valovi

Oiseaux
Ptice

Aigle	Orao
Autruche	Noj
Canard	Patka
Cigogne	Roda
Corbeau	Vrana
Coucou	Kukavica
Cygne	Labud
Flamant	Flamingo
Héron	Čaplja
Manchot	Pingvin
Moineau	Vrabac
Mouette	Galeb
Oeuf	Jaje
Oie	Guska
Paon	Paun
Perroquet	Papiga
Pélican	Pelikan
Pigeon	Golub
Poulet	Piletina
Toucan	Toucan

Pays #1
Zemlje № 1

Afghanistan	Afganistan
Allemagne	Njemačka
Argentine	Argentina
Brésil	Brazil
Canada	Kanada
Espagne	Španjolska
Équateur	Ekvador
Finlande	Finska
Inde	Indija
Israël	Izrael
Libye	Libija
Mali	Mali
Maroc	Maroko
Nicaragua	Nikaragva
Norvège	Norveška
Panama	Panama
Philippines	Filipini
Pologne	Poljska
Roumanie	Rumunjska
Venezuela	Venezuela

Pays #2
Zemlje № 2

Albanie	Albanija
Chine	Kina
Danemark	Danska
France	Francuska
Haïti	Haiti
Indonésie	Indonezija
Irlande	Irska
Jamaïque	Jamajka
Japon	Japan
Kenya	Kenija
Laos	Laos
Liban	Libanon
Mexique	Meksiko
Ouganda	Uganda
Pakistan	Pakistan
Russie	Rusija
Somalie	Somalija
Soudan	Sudan
Syrie	Sirija
Ukraine	Ukrajina

Paysages

Krajolici

Cascade	Vodopad
Colline	Brdo
Désert	Pustinja
Estuaire	Ušće
Fleuve	Rijeka
Geyser	Gejzir
Glacier	Ledenjak
Grotte	Špilja
Iceberg	Ledena
Île	Otok
Lac	Jezero
Marais	Močvara
Mer	More
Montagne	Planina
Oasis	Oaza
Péninsule	Poluotok
Plage	Plaža
Toundra	Tundra
Vallée	Dolina
Volcan	Vulkan

Photographie

Fotografija

Adoucir	Omekšati
Cadre	Okvir
Caméra	Kamera
Composition	Sastav
Contraste	Kontrast
Couleur	Boja
Définition	Definicija
Exposition	Izložba
Éclairage	Rasvjeta
Format	Format
Noir	Crna
Objet	Objekt
Obscurité	Tama
Ombre	Sjene
Perspective	Perspektiva
Portrait	Portret
Sujet	Predmet
Texture	Tekstura
Visuel	Vidni
Vue	Pogled

Physique

Fizika

Accélération	Ubrzanje
Atome	Atom
Chaos	Kaos
Chimique	Kemijski
Densité	Gustoća
Électron	Elektron
Formule	Formula
Fréquence	Frekvencija
Gaz	Plin
Gravité	Gravitacija
Magnétisme	Magnetizam
Masse	Masa
Mécanique	Mehanika
Molécule	Molekula
Moteur	Motor
Nucléaire	Nuklearni
Particule	Čestica
Relativité	Relativnost
Universel	Univerzalan
Vitesse	Brzina

Plantes

Biljke

Arbre	Drvo
Baie	Bobica
Bambou	Bambus
Botanique	Botanika
Buisson	Grm
Cactus	Kaktus
Engrais	Gnojivo
Feuillage	Lišće
Fleur	Cvijet
Flore	Flora
Forêt	Šuma
Grandir	Rasti
Haricot	Grah
Herbe	Trava
Jardin	Vrt
Lierre	Bršljan
Mousse	Mahovina
Pétale	Latica
Racine	Korijen
Végétation	Vegetacija

Professions #1

Zanimanja № 1

Ambassadeur	Ambasador
Artiste	Umjetnik
Astronome	Astronom
Avocat	Odvjetnik
Banquier	Bankar
Bijoutier	Zlatar
Cartographe	Kartograf
Chasseur	Lovac
Comptable	Računovođa
Danseur	Plesačica
Entraîneur	Trener
Éditeur	Urednik
Géologue	Geolog
Médecin	Liječnik
Musicien	Glazbenik
Pianiste	Pijanist
Pompier	Vatrogasac
Psychologue	Psiholog
Scientifique	Znanstvenik
Vétérinaire	Veterinar

Professions #2

Zanimanja № 2

Astronaute	Astronaut
Bibliothécaire	Knjižničar
Biologiste	Biolog
Chercheur	Istraživač
Chirurgien	Kirurg
Dentiste	Zubar
Détective	Detektiv
Enseignant	Učitelj
Illustrateur	Ilustrator
Ingénieur	Inženjer
Inventeur	Izumitelj
Jardinier	Vrtlar
Journaliste	Novinar
Linguiste	Jezikoslovac
Médecin	Liječnik
Peintre	Slikar
Philosophe	Filozof
Photographe	Fotograf
Pilote	Pilot
Zoologiste	Zoolog

Psychologie

Psihologija

Clinique	Klinički
Cognition	Spoznaja
Comportement	Ponašanje
Conflit	Sukob
Ego	Ego
Enfance	Djetinjstvo
Expériences	Iskustva
Émotions	Emocije
Évaluation	Procjena
Idées	Ideje
Inconscient	Nesvjesno
Influences	Utjecaji
Pensées	Misli
Perception	Percepcija
Personnalité	Osobnost
Problème	Problem
Réalité	Stvarnost
Rêves	Snovi
Sensation	Osjećaj
Thérapie	Terapija

Randonnée

Planinarenje

Animaux	Životinje
Bottes	Čizme
Camping	Kampiranje
Carte	Karta
Climat	Klima
Dangers	Opasnosti
Eau	Voda
Falaise	Litica
Fatigué	Umorni
Guides	Vodiči
Lourd	Teška
Météo	Vrijeme
Montagne	Planina
Nature	Priroda
Orientation	Orijentacija
Parcs	Parkovi
Pierres	Kamenje
Préparation	Priprema
Sauvage	Divlji
Soleil	Sunce

Restaurant #2

Restoran Broj 2

Boisson	Piće
Chaise	Stolica
Cuillère	Žlica
Déjeuner	Ručak
Délicieux	Ukusno
Dîner	Večera
Eau	Voda
Épices	Začini
Fourchette	Vilica
Fruit	Voće
Gâteau	Torta
Glace	Led
Légumes	Povrće
Nouilles	Rezanci
Oeuf	Jaja
Poisson	Riba
Salade	Salata
Sel	Sol
Serveur	Konobar
Soupe	Juha

Réchauffement Climatique

Globalno Zagrijavanje

Arctique	Arktik
Attention	Pažnja
Climat	Klima
Crise	Kriza
Développement	Razvoj
Données	Podaci
Environnemental	Ekološki
Énergie	Energija
Futur	Budućnost
Gaz	Plin
Générations	Generacije
Gouvernement	Vlada
Habitats	Staništa
Industrie	Industrija
International	Međunarodni
Législation	Zakonodavstvo
Maintenant	Sada
Populations	Stanovništvo
Scientifique	Znanstvenik
Températures	Temperature

Santé et Bien-Être #1

Zdravlje i Wellness # 1

Actif	Aktivan
Bactéries	Bakterije
Blessure	Ozljeda
Clinique	Klinika
Faim	Glad
Fracture	Lom
Habitude	Navika
Hauteur	Visina
Hormone	Hormoni
Médecin	Liječnik
Médicament	Lijek
Muscles	Mišići
Os	Kosti
Peau	Koža
Pharmacie	Ljekarna
Posture	Držanje
Réflexe	Refleks
Thérapie	Terapija
Traitement	Liječenje
Virus	Virus

Santé et Bien-Être #2

Zdravlje i Wellness # 2

Allergie	Alergija
Anatomie	Anatomija
Appétit	Apetit
Calorie	Kalorija
Corps	Tijelo
Déshydratation	Dehidracija
Énergie	Energija
Génétique	Genetika
Hôpital	Bolnica
Hygiène	Higijena
Infection	Infekcija
Maladie	Bolest
Massage	Masaža
Nutrition	Ishrana
Poids	Težina
Récupération	Oporavak
Sain	Zdrav
Sang	Krv
Stress	Stres
Vitamine	Vitamin

Science

Znanost

Atome	Atom
Chimique	Kemijski
Climat	Klima
Données	Podaci
Expérience	Eksperiment
Évolution	Evolucija
Fait	Činjenica
Fossile	Fosil
Gravité	Gravitacija
Hypothèse	Hipoteza
Laboratoire	Laboratorij
Méthode	Metoda
Minéraux	Minerali
Molécules	Molekule
Nature	Priroda
Observation	Promatranje
Organisme	Organizam
Particules	Čestice
Physique	Fizika
Scientifique	Znanstvenik

Science-Fiction

Znanstvena Fantastika

Atomique	Atomski
Cinéma	Kino
Explosion	Eksplozija
Extrême	Krajnost
Fantastique	Fantastičan
Feu	Vatra
Futuriste	Futuristički
Galaxie	Galaksija
Illusion	Iluzija
Imaginaire	Zamišljen
Livres	Knjige
Monde	Svijet
Mystérieux	Tajanstveni
Oracle	Proročište
Planète	Planeta
Réaliste	Realno
Robots	Roboti
Scénario	Scenarij
Technologie	Tehnologija
Utopie	Utopija

Sport

Sport

Athlète	Sportaš
Capacité	Sposobnost
Corps	Tijelo
Cyclisme	Biciklizam
Danse	Ples
Diète	Dijeta
Endurance	Izdržljivost
Entraîneur	Trener
Force	Snaga
Jogging	Jogging
Maximiser	Maksimizirati
Métabolique	Metabolički
Muscles	Mišići
Nager	Plivati
Nutrition	Ishrana
Objectif	Cilj
Os	Kosti
Programme	Program
Santé	Zdravlje
Sports	Sportski

Temps

Vrijeme

Année	Godina
Annuel	Godišnji
Après	Nakon
Aujourd'Hui	Danas
Avant	Prije
Bientôt	Uskoro
Calendrier	Kalendar
Décennie	Desetljeće
Futur	Budućnost
Heure	Sat
Hier	Jučer
Jour	Dan
Maintenant	Sada
Matin	Jutro
Midi	Podne
Minute	Minuta
Mois	Mjesec
Nuit	Noć
Semaine	Tjedan
Siècle	Stoljeće

Types de Cheveux

Vrste Kose

Argent	Srebro
Blanc	Bijeli
Blond	Plavuša
Boucles	Kovrče
Brillant	Sjajan
Chauve	Ćelav
Court	Kratak
Doux	Mekan
Épais	Debeo
Frisé	Kovrčava
Gris	Siva
Long	Dugo
Marron	Smeđ
Mince	Tanak
Noir	Crna
Ondulé	Valovita
Sain	Zdrav
Sec	Suho
Tresses	Pletenice
Tressé	Pletena

Univers

Svemir

Astéroïde	Asteroid
Astronome	Astronom
Astronomie	Astronomija
Atmosphère	Atmosfera
Ciel	Nebo
Cosmique	Kozmički
Équateur	Ekvator
Galaxie	Galaksija
Hémisphère	Hemisfera
Horizon	Horizont
Latitude	Širina
Longitude	Dužina
Lune	Mjesec
Obscurité	Tama
Orbite	Orbita
Solaire	Sunčano
Solstice	Solsticij
Télescope	Teleskop
Visible	Vidljiv
Zodiaque	Zodijak

Vacances #2

Odmor № 2

Aéroport	Zračna Luka
Camping	Kampiranje
Carte	Karta
Destination	Odredište
Étranger	Stranac
Hôtel	Hotel
Île	Otok
Mer	More
Passeport	Putovnica
Photos	Fotografije
Plage	Plaža
Restaurant	Restoran
Réservations	Rezervacije
Taxi	Taksi
Tente	Šator
Train	Vlak
Transport	Prijevoz
Vacances	Odmor
Visa	Viza
Voyage	Putovanje

Véhicules

Vozila

Ambulance	Hitna Pomoć
Avion	Zrakoplov
Bateau	Čamac
Bus	Autobus
Camion	Kamion
Caravane	Karavan
Ferry	Trajekt
Fusée	Raketa
Hélicoptère	Helikopter
Moteur	Motor
Navette	Čunak
Pneus	Gume
Radeau	Splav
Scooter	Skuter
Sous-Marin	Podmornica
Taxi	Taksi
Tracteur	Traktor
Train	Vlak
Vélo	Bicikl
Voiture	Automobil

Vêtements

Odjeća

Bracelet	Narukvica
Ceinture	Pojas
Chapeau	Šešir
Chaussure	Cipela
Chemise	Košulja
Chemisier	Bluza
Collier	Ogrlica
Foulard	Šal
Gants	Rukavice
Jeans	Traperice
Jupe	Suknja
Manteau	Kaput
Mode	Moda
Pantalon	Hlače
Pull	Džemper
Pyjama	Pidžama
Robe	Haljina
Sandales	Sandale
Tablier	Pregača
Veste	Jakna

Ville

Grad

Aéroport	Zračna Luka
Banque	Banka
Bibliothèque	Knjižnica
Boulangerie	Pekara
Cinéma	Kino
Clinique	Klinika
École	Škola
Fleuriste	Cvjećar
Galerie	Galerija
Hôtel	Hotel
Librairie	Knjižara
Marché	Tržište
Musée	Muzej
Pharmacie	Ljekarna
Restaurant	Restoran
Stade	Stadion
Supermarché	Supermarket
Théâtre	Kazalište
Université	Sveučilište
Zoo	Zoološki Vrt

Félicitations

Vous avez réussi !

Nous espérons que vous avez apprécié ce livre autant que nous avons pris plaisir à le concevoir. Nous faisons de notre mieux pour créer des livres de la meilleure qualité possible.
Cette édition est conçue pour permettre un apprentissage intelligent et de qualité en se divertissant !

Vous avez aimé ce livre ?

Une Simple Demande

Nos livres existent grâce aux avis que vous publiez. Pourriez-vous nous aider en laissant un avis maintenant ?

Voici un lien rapide qui vous mènera à votre page d'évaluation de vos commandes :

BestBooksActivity.com/Avis50

CHALLENGE FINAL !

Défi n°1

Êtes-vous prêt pour votre jeu bonus ? Nous les utilisons tout le temps mais ils ne sont pas si faciles à trouver. Voici les **Synonymes** !

Notez 5 mots que vous avez trouvés dans les puzzles notés ci-dessous (n°21, n°36, n°76) et essayez de trouver 2 synonymes pour chaque mot.

*Notez 5 Mots du **Puzzle 21***

Mots	Synonyme 1	Synonyme 2

*Notez 5 Mots du **Puzzle 36***

Mots	Synonyme 1	Synonyme 2

*Notez 5 Mots du **Puzzle 76***

Mots	Synonyme 1	Synonyme 2

Défi n°2

Maintenant que vous vous êtes échauffé, notez 5 mots que vous avez découverts dans les Puzzles n° 9, n° 17, n° 25 et essayez de trouver 2 antonymes pour chaque mot. Combien pouvez-vous en trouver en 20 minutes ?

Notez 5 Mots du ***Puzzle 9***

Mots	Antonyme 1	Antonyme 2

Notez 5 Mots du ***Puzzle 17***

Mots	Antonyme 1	Antonyme 2

Notez 5 Mots du ***Puzzle 25***

Mots	Antonyme 1	Antonyme 2

Défi n°3

Formidable ! Ce défi final  n'est rien pour vous.

Prêt pour le dernier défi ? Choisissez 10 mots que vous avez découverts parmi les différents puzzles et notez-les ci-dessous.

1.	6.
2.	7.
3.	8.
4.	9.
5.	10.

Maintenant, composez un texte en pensant à une personne, un animal ou un lieu que vous aimez !

Astuce: Vous pouvez utiliser la dernière page de ce livre comme brouillon !

Votre Composition :

CARNET DE NOTES :

À TRÈS BIENTÔT !

Toute l'équipe

DECOUVREZ DES JEUX GRATUITS

GO

↓

BESTACTIVITYBOOKS.COM/FREEGAMES

www.ingramcontent.com/pod-product-compliance
Lightning Source LLC
Chambersburg PA
CBHW082204120626
46553CB00010B/3005